SUSANNE GASCHKE

ROBERT HABECK

SUSANNE GASCHKE

ROBERT HABECK

EINE POLITISCHE BIOGRAFIE

HEYNE

FSC
www.fsc.org
MIX
Papier aus verantwortungsvollen Quellen
FSC® C083411

Penguin Random House Verlagsgruppe FSC® N001967

Originalausgabe 2021

Redaktion: Kerstin Lücker
Bildredaktion: Tanja Zielezniak
Umschlaggestaltung: Eisele Grafik Design
Umschlagfoto: Hermann Bredehorst/Polaris/laif
Umschlagzitat: »Der Tag war ein bittersüßer«,
DIE ZEIT Nr. 17, 22. April 2021
Satz: Leingärtner, Nabburg
Druck und Bindung: CPI books GmbH, Leck
Printed in Germany
ISBN: 978-3-453-21806-2

www.heyne.de

»Es ist nur die Frage«, sagte Alice, »ob Sie Wörter einfach so Unterschiedliches bedeuten lassen können.«
»Es ist nur die Frage«, sagte Humpty Dumpty, »wer hier bestimmt.«

Lewis Carroll:
Alice im Spiegelland

Inhaltsverzeichnis

VORWORT

ROBERT HABECK UND ICH sind nicht weit entfernt voneinander aufgewachsen, er auf dem Ost-, ich auf dem Westufer der Kieler Förde. Habecks Eltern betrieben die Rathaus-Apotheke in der kleinen und wohlhabenden Vorortgemeinde Heikendorf, meine Eltern waren Lehrer an zwei Kieler Gymnasien. Ich machte 1986 an der Kieler Gelehrtenschule das Abitur, der drei Jahre jüngere Habeck legte es 1989 an der Heinrich-Heine-Schule ab. Mit 16 Jahren wurde Habeck Schülersprecher – ich erst mit 18 Jahren. Er spielte Hauptrollen in den Inszenierungen der Theater-AG. Ich spielte Nebenrollen in den Produktionen meiner Schule. 1987 trat ich, kurz nach meinem Abitur, in Kiel in die Sozialdemokratische Partei ein. 2002 wurde Robert Habeck im Alter von 32 Jahren Mitglied der Grünen in Schleswig-Flensburg. Er ist verheiratet und hat vier Söhne. Ich bin verheiratet und habe eine Tochter. Wir haben beide über ein literaturwissenschaftliches Thema promoviert. Habeck arbeitete zehn Jahre lang als Schriftsteller und Übersetzer, ich arbeitete 15 Jahre lang als politische Journalistin für die *ZEIT* in Hamburg. Habeck legte nach seinem späten

Eintritt innerhalb der grünen Partei eine beeindruckende Karriere hin: 2004 wurde er Landesvorsitzender, 2009 Oppositionsführer im Kieler Landtag, 2012 Umwelt- und Landwirtschaftsminister im Kabinett Torsten Albig (SPD). Im selben Jahr wurde ich zur Kieler Oberbürgermeisterin gewählt – als direkte Nachfolgerin des neuen Ministerpräsidenten. Ein knappes Jahr lang begegnete ich Habeck in seiner Funktion als Minister und stellvertretender Ministerpräsident auch bei offiziellen Terminen in Kiel. Doch während mein politisches Projekt schon 2013 relativ abrupt und unschön endete, startete Habeck erst richtig durch. Zwar unterlag er noch ganz knapp, als die Grünen 2017 neue Spitzenkandidaten für die Bundestagswahl aufstellten – das wurden Cem Özdemir und Katrin Göring-Eckardt –, aber 2018 übernahmen er und die Bundestagsabgeordnete Annalena Baerbock dann die Führung ihrer Partei. Seither war Robert Habeck schon mehrfach der zweitbeliebteste oder sogar der beliebteste Politiker Deutschlands, noch vor der lange unverwüstlichen Kanzlerin Angela Merkel. Die Grünen erzielten 2019 in einzelnen Umfragen Ergebnisse von bis zu 27 Prozent und lagen damit sogar zeitweise vor der Union (25 Prozent). Teile der Öffentlichkeit und Teile der Medien hielten es plötzlich für möglich, dass Robert Habeck der erste grüne Bundeskanzler werden könnte. Baerbock spielte damals eher eine Nebenrolle. Im Frühjahr 2020, unter dem Eindruck der Coronakrise, schwächte sich der Höhenflug der Grünen ein wenig ab: Die Partei, die im Bund keine exekutive Rolle auszufüllen hatte, tat sich schwer damit, im Ausnahmezustand den richtigen Ton zu treffen. Das galt auch für Robert Habeck. Und damit begannen die Gewichte sich zugunsten von Annalena Baerbock zu verschieben. Da zudem die Sozialdemokraten mit dem 62-jährigen Olaf Scholz zur Bundestagswahl antraten und die CDU/CSU sich, nach einem unschönen Machtkampf, gegen den bayerischen Ministerpräsidenten Markus Söder und für den 60-jährigen nordrhein-westfälischen Ministerpräsidenten und CDU-Vorsitzenden Armin Laschet als Kanzlerkandidaten entschied, entstand zumindest medial ein gewisser Druck auf die Grünen, gleichsam für alle anderen Parteien das Feld der Spitzenkandidaten zu quotieren.

Seit dem 19. April 2021 wissen wir nun: Nicht Habeck, sondern Annalena Baerbock führt die Grünen als erste Kanzlerkandidatin der Partei in den Wahlkampf. Habeck und Baerbock, so will es die sorgfältig gepflegte grüne Legende, haben diese Entscheidung gemeinsam getroffen. Aber Robert Habeck wartete kaum zwei Stunden, bis er der *ZEIT* in einem Interview anvertraute, Baerbocks Nominierung sei für ihn »bittersüß« – schließlich sei er 2018 als Vorsitzender nach Berlin gegangen, um seine Partei überhaupt erst in die Lage zu versetzen, den Kampf um die Kanzlerschaft zu führen. Nichts habe er mehr gewollt, als dieser Republik als Kanzler zu dienen, sagte Habeck. Insofern sei der Tag der Entscheidung der schmerzhafteste seiner politischen Laufbahn gewesen.

Ich, als Autorin, die ein Buch über Robert Habeck schrieb, war natürlich ebenfalls enttäuscht und verblüfft. Enttäuscht, erstens und ganz banal, weil ein Buch über den ersten grünen Kanzlerkandidaten vermutlich mehr Menschen interessiert hätte als eines über den Mann, der eben dies nicht geworden ist. Enttäuscht, zweitens, weil ich mich mit Robert Habeck ja überhaupt nur beschäftigt habe, da ich der Überzeugung war, dass er tatsächlich das Zeug zu einem ganz neuen Politikstil gehabt hätte. Im Gegensatz zum Schriftsteller Habeck mit Lebens-, Berufs- und Regierungserfahrung bleibt Baerbock für mich ein recht konventionelles Parteigewächs, die die Stationen Studium, Abgeordnetenmitarbeit, Landesvorsitz, Bundestagsmandat, Parteivorsitz und Kanzlerkandidatur ebenso brav absolviert hat wie ihre politischen Mitbewerber. Bei ihren akademischen Meriten hat sie zudem ein wenig hochgestapelt, denn weder ihr politikwissenschaftliches Studium in Deutschland noch ihre Promotion hat sie abgeschlossen.

Verblüfft hat mich, dass Robert Habeck, der sich von Jugend an extrem gut gegen Konkurrenten durchsetzen konnte, ausgerechnet an Annalena Baerbock gescheitert ist. Nicht unwahrscheinlich, dass er sie schlicht unterschätzt hat. Ich bin mir unsicher, ob nicht Habeck am Ende seiner Partei das bessere Ergebnis gebracht haben würde. Die Verliebtheit der Medien, die im Frühjahr 2021 eindeutig von ihm auf sie übergegangen ist, ist ein flüchtiger Zustand.

Meinungsumfragen, die die Grünen 2021 wieder stabil auf Platz eins vor der implodierenden Nach-Merkel-Union sahen, schienen zunächst die Entscheidung für Baerbock zu rechtfertigen. In Talkshows und Interviews überschlugen sich Journalistinnen vor Begeisterung.

Und doch habe ich – vor dem schrecklichen Coronajahr, in dem ja auch Baerbock nicht öffentlich auftreten konnte – wieder und wieder erlebt, wie Robert Habeck Säle voller Menschen begeisterte, die nicht der politisch-medialen Klasse, nicht der Berliner Blase angehörten. Im *Spiegel* war einmal zu lesen, Baerbocks Reden seien Rockkonzerte – ich kann mich allerdings an keine einzige Rede erinnern, die ich so empfunden hätte. Ihr auffälligstes rhetorisches Mittel ist, dass sie zu rufen beginnt, wenn sie Emphase signalisieren will. Darin ähnelt sie ein wenig der früheren SPD-Vorsitzenden Andrea Nahles.

Habecks Reden sind, vielleicht schon wegen der Länge seiner Sätze, auch nicht unbedingt Rockkonzerte, sondern eher Singer/Songwriter-Auftritte – aber er hat Groupies und Fans wie ein Rockstar. Oder hatte sie, als er noch von Veranstaltung zu Veranstaltung und von Lesung zu Lesung fuhr. Da wirkte er authentisch und ganz bei sich – und löste beim Publikum Begeisterung aus, eben weil er anders sprach, als man es von der politischen Bühne gewohnt ist. Habeck profilierte sich durchaus auch auf Kosten des allgemeinen Politikbetriebs und der Grünen insbesondere – keine ganz ungefährliche Methode.

Ich möchte in diesem Buch versuchen, die Frage zu beantworten, ob Habeck sich durch seine Selbstdarstellung als »Anti-Politiker« bei Politkollegen und Journalisten ein Stück weit selbst sabotiert hat. Während sein normales Publikum sich zugleich gerade in den letzten Monaten vor der Kandidaten-Entscheidung gefragt haben könnte, ob er nicht doch langsam selbst zum Establishment-Politiker werde. Jedenfalls klang seine staatstragende, kanzlerinnentreue Rhetorik in der Coronakrise nicht mehr nach dem unangepassten, freiheitsliebenden Robert Habeck, der in so vielen Leuten die Hoffnung nach einer anderen Politik wecken konnte – eine Hoffnung, die heute überall in Deutschland mit Händen zu greifen ist und die meist in der Frage mündet, was um Himmels willen man denn nur wählen solle. Bis zum Coronajahr hätte jedenfalls ich geantwortet: Robert Habeck geht.

Natürlich interessieren mich unsere biografischen Ähnlichkeiten; ich wollte, ehrlich gesagt, auch wissen, warum er in der politischen Sphäre so erfolgreich war und ich eher nicht.

Eine politische Ausnahmeerscheinung ist er auf jeden Fall. Sein Markenzeichen ist seit seiner Schulzeit die Begabung, zwischen scheinbar unvereinbaren Interessen zu vermitteln. Er ist ein Künstler und Verteidiger des Kompromisses. Habeck ist außerdem ein Politiker mit Sexappeal, auf den gerade Männer, die sich ihrer eigenen Attraktivität bewusst sind, manchmal eigenartig empfindlich reagieren. Er selbst hat öffentlich darüber geklagt, dass er in der Konkurrenz mit Baerbock über Äußerlichkeiten beschrieben worden sei und nicht über seine Leistungsbilanz und Erfahrung. Bei Frauen, sagte Habeck der *ZEIT*, würde man in einem solchen Fall von »sexistischen Zuschreibungen« sprechen.

Zu Habecks Charme gehören die unpräzise Formulierung und die jederzeitige Bereitschaft, Fehler einzugestehen – wer tut das schon in der Politik? Gleichzeitig sind *zu viele* Fehler und Ungenauigkeiten in politischen Aussagen natürlich auch ein Problem. Wie viel Substanz hat Robert Habeck? Ist er bloß ein liebenswerter Blender oder hätte er die Kraft und die Disziplin gehabt, um unser Land als Kanzler zu führen?

Von keinem anderen deutschen Politiker gibt es so viele Selbstzeugnisse in Sachbuch- und Romanform wie von ihm. Wäre er der grüne Kandidat geworden, hätten Journalisten wie Öffentlichkeit sich mit wachsender Begeisterung auf seine Werke gestürzt, um herauszufinden, wer dieser Typ (wie er selbst sagen würde) eigentlich ist. Seine zum Teil vergriffenen Bücher sind auch antiquarisch kaum noch, oder nur zu Mondpreisen, zu bekommen. Mir schrieb er einmal, nachdem ich in einem Artikel besonders aus seinen Jugendbüchern zitiert hatte, er könne sich ja gar nicht mehr so genau erinnern, was Andrea Paluch, mit der er verheiratet ist und beim Schreiben meist eng kooperiert hat, und er so alles zu Papier gebracht hätten. Aber es steht da, und obwohl man ja niemals den Fehler machen darf, Romanautoren und ihre Hauptfiguren in eins zu setzen, so erfährt man in den Büchern doch viel zu interessanten Themen wie Freiheit oder Sex.

Was ich hier versuche und was relevant bleibt, wenn man sich fragt, ob eine andere Politik möglich ist, gleicht einer Art Puzzlespiel: Ich möchte ein Bild zusammensetzen aus dem, was Wegbegleiter über Robert Habeck erzählen; aus meinen eigenen Erinnerungen an sein politisches Wirken; aus dem, was sich aus seinen und Paluchs Büchern herauslesen lässt; aus journalistischer Beobachtung und dem Bild, das Medien von ihm zeichnen, im Aufwind wie in der Nebenrolle. Meine Gespräche mit Freunden und Gegnern füllen sechs dicke Notizbücher – vieles muss allerdings nach dem Willen meiner Interviewpartner Hintergrundinformation bleiben. Viele sind von ihm begeistert, schätzen ihn als sachlich-engagierten Politiker und attestieren ihm vor allem Ehrlichkeit: Er traue sich, den Leuten zu sagen, wie die Dinge wirklich stünden. Einige wollen »dem Robert« nicht schaden, obwohl sie den einen oder anderen Einwand gegen ihn haben – aber ihre Begeisterung überwiegt. Einzelne wollen sich auch nicht gern mit ihm anlegen.

Robert Habeck hat es abgelehnt, dieses Buch zu autorisieren. Ich weiß nicht ganz genau, was die Gründe dafür sind, denn zunächst schien er das in Erwägung zu ziehen. Und wahrscheinlich hätte ich noch ein bisschen netter über ihn geschrieben, wenn er am Ende mit dem Text irgendwie hätte einverstanden sein müssen. So, wie es jetzt ist, bin ich freier.

Es gibt bei den Grünen wohl wirklich eine große Angst vor dem, was sie Personenkult nennen. Niemand soll so weit aus der Partei herausragen, wie Habeck es unzweifelhaft – und mehr als Baerbock – tut. Deshalb musste er alles vermeiden, was seine Co-Vorsitzende in den Schatten hätte stellen können, und durfte auch nicht eitel wirken, indem er höchstselbst an Büchern mitwirkte, die über ihn geschrieben wurden. Tatsächlich *werden* aber Bücher über ihn geschrieben, ob er will oder nicht – ich weiß neben meinem noch von mindestens zwei anderen –, und es gibt sogar einen anderthalbstündigen, äußerst sehenswerten Dokumentarfilm über ihn, der »Following Habeck« heißt. Dessen Autor und Regisseur Malte Blockhaus zeichnet eines der nahesten und hellsichtigsten Habeck-Porträts, die ich kenne. Nicht immer ist es schmeichelhaft. Aber das wird auch dieses Buch nicht sein, denn *nur* nett, kumpelig und engagiert ist der sorgsam verstrubbelte Grünen-Vorsitzende und Beinahe-Kanzlerkandidat eben auch nicht. Um so erfolgreich zu werden, wie er es ist, reicht es nicht, immer nur zur richtigen Zeit am richtigen Ort zu sein. Es gibt auch einen ehrgeizigen Habeck, der ein großes Bedürfnis erkennen lässt, sein öffentliches Image zu kontrollieren. Er ist fleißig, ja; aber es passieren ihm immer wieder mal Flüchtigkeitsfehler, wenn er sein Publikum unterschätzt und sich nicht ordentlich vorbereitet hat. Außerdem hat er schon früh eine sehr robuste Art erkennen lassen, mögliche Konkurrenten davon zu überzeugen, die Konkurrenz mit ihm besser aufzugeben.

Es geht in diesem Buch um die Frage, was man bekommt, bekommen würde, bekommen hätte, wenn man »Habeck folgt«. Wie fest sind seine Prinzipien, was ist sein Kern, wie ernsthaft ist sein Freiheitsbegriff? Wie sehr ist er Teil einer etwas beunruhigenden politischen Strömung, die in der Coronakrise entdeckte, wie leicht sich existenzielle Grundrechte in Deutschland einschränken lassen, wenn man einen wirklich guten Grund dafür findet? Nicht nur Angehörige der kompromisslosen NoCovid-Bewegung oder der Deutschen Nationalakademie Leopoldina finden es sinnvoll, Coronabeschränkungen im Namen des Klimaschutzes fortbestehen zu lassen. Auch Habeck sieht »strukturelle Parallelen« zwischen der Corona- und der Klimakrise.

In seinem jüngsten Buch *(Von hier an anders. Eine politische Skizze)* schreibt Robert Habeck: »Es gab plötzlich ein höheres Gut, das über der wirtschaftlichen Prosperität stand. Der Schutz der Gesundheit wurde in einer nicht gekannten Dimension über Wirtschaftswachstum und Gewinninteressen gestellt.« Es dürfte interessant sein zu sehen, ob Habeck, der ja sonst eher eine lässige »Man-darf-auch-mal-ein-Nackenkotelett-grillen«-Haltung an den Tag legt, in einer möglichen grünen Regierungsfunktion eine Politik der massiven Freiheitseinschränkungen im Namen des Klimaschutzes befürworten wird.

Das Grundsatzprogramm der Grünen, das auch unter seiner Federführung entstanden ist, gibt das jedenfalls her, dort werden weitgehende gesellschaftliche Umbaumaßnahmen gefordert. Und selbst die Union hat inzwischen verstanden, wie populär die grüne Weltanschauung geworden ist, nicht zuletzt dank der Hilfe von Journalisten, die ungewöhnlich oft mit grünen Politikansätzen sympathisieren. Die Union, will ich damit sagen, könnte mehr oder weniger alles mitmachen, was die Grünen wollen – und es könnte ironischerweise an dem Brückenbauer Robert Habeck sein, Bevormundungsexzesse einer schwarz-grünen, grün-schwarzen oder grün-rot-gelben Bundesregierung einzuhegen. Dass das grüne, linksliberale Milieu in dieser Hinsicht vorsichtig sein muss, wenn es keine heftige Reaktanz auslösen will, ist Habeck durchaus klar, er erörtert das Problem in *Von hier an anders*.

In seiner sechsjährigen Regierungszeit im beschaulichen Schleswig-Holstein – mal unter SPD-Führung, mal CDU-geführt – hat der Landesminister Habeck es recht gut hinbekommen, zwischen umweltschützerischen Maximalforderungen und bäuerlicher Realität zu vermitteln. Dabei musste er nicht einmal der Chef des Ganzen sein. Wenn es um die Zukunft einer ganzen Gesellschaft geht, wird solches Talent noch viel mehr gebraucht.

1. KAPITEL

Der junge Mann

SEHR WEIT OBEN IM NORDEN DER REPUBLIK, in Kappeln an der Schlei, wohnt Kristian Dittmann, 52, ein Surfer-Typ, braun gebrannt, muskulös, gut aussehend – ein ehemaliger Mitschüler und Jugendfreund von Robert Habeck. Der Journalistin Constanze von Bullion hat Dittmann aufschlussreiche Sätze über den heutigen Grünen-Chef gesagt: Der Robert sei als Seelsorger nicht der richtige Mann – zuhören, wenn andere ihren Kummer ausbreiten wollten, das langweile ihn schnell. »Er ist klug. Er ist ungeduldig. Er weiß sein Potenzial als Gutaussehender und Schnellchecker einzusetzen«, sagte Dittmann laut *Süddeutscher Zeitung*. »Aber er ist kein Arsch.«

Habeck wirkt nicht wahnsinnig glücklich darüber, dass »Krischi« in Kappeln zu einer Hauptauskunftsperson über seine prägenden Jahre geworden ist. Aber was soll er machen, außer zur Vorsicht im Gespräch mit Journalistinnen zu raten? Als ich Dittmann anrufe – man erreicht ihn über seine Firma »Strand-Manufaktur« –, möchte er sich auf jeden Fall erst einmal rückversichern, ob es für Habeck in Ordnung geht, dass er mit mir redet. Ich müsse verstehen, dass er Robert auf keinen Fall schaden wolle.

Irgendwie gibt es aber wohl ein Okay, jedenfalls darf ich Dittmann besuchen. Im Sommer ist die Kleinstadt Kappeln normalerweise voller Menschen und Leben, die breite Schlei-Mündung in die Ostsee ist ein beliebtes Segelrevier, am Hafen drängen sich die Restaurants dicht an dicht. Im Februar 2020 bin ich hingegen nahezu der einzige Gast im Hotel »Pierspeicher«. Die Restaurants sind noch nicht wegen Corona geschlossen, sondern weil hier finsterste Nebensaison ist. Das Uferschilf steht bleich, die vorherrschende Farbe von Himmel und Landschaft: Grau.

Dittmanns Behausung liegt nur ein paar Gehminuten vom Zentrum der Stadt entfernt. In einer ehemaligen Scheune ist sein Ein-Mann-Betrieb untergebracht: Der studierte Meeresbiologe fertigt hier Kissen mit einer Füllung aus getrocknetem Seegras an. Das sogenannte Treibsel sammelt er an den Ostseestränden ein, die Bezüge näht er aus altem Leinen, das ihm manchmal auch die Leute aus der Gegend schenken.

Dittmann könnte mehr verkaufen, als er jetzt produziert, aber genau das will er nicht – nicht expandieren, keine Massenproduktion, nicht den ganzen Stress. Auf der Website der Strand-Manufaktur heißt es im Januar 2021: »Sehr geehrte Kunden, für dieses Jahr sind Kopfkissen ausverkauft. Bitte bestellen Sie am 2. Januar 2022.« Dittmann sagt, er lebe seit Langem, was die Fridays-for-Future-Kids heute forderten. Er könnte ein Ur-Grüner aus dem Bilderbuch sein. Geld interessiert ihn eben einfach nur am Rande, er kommt mit sehr wenig aus, auch wenn er, wie er sagt, einige harte Jahre hinter sich hat. Kinder hat er mit zwei Frauen, sie leben abwechselnd bei ihm und den Müttern.

»Bei ihm«, das ist der alte Kälberstall neben der Scheune, den er liebevoll und originell umgebaut hat und der ihm als Schlafzimmer, Wohnzimmer und Küche dient. Durch die Mauerritzen pfeift zwar, wie das bei alter Bausubstanz gern mal vorkommt, der Wind, aber ein Bollerofen verbreitet gemütliche Wärme. Dittmann brät in Schwarzbrotkrümeln gewälzte Rindsfrikadellen mit Oregano und Knoblauch, dazu gibt es spanischen Rotwein. Es schmeckt alles sehr gut.

Vor dreißig Jahren, in der Schule, waren »Krischi« und Robert ziemlich unzertrennlich. Beide in der Theater-AG, beide in der Schülervertretung – alte Fotos zeigen zwei herzzerreißend attraktive junge Männer, der eine groß und dunkel, der andere, Habeck, etwas kleiner und blond, die Haare länger als heute. Sie dürften zu den umschwärmten, zu den eindeutig coolen Typen ihres Jahrgangs gehört haben, sind sich aber, so erinnert sich Dittmann, bei den Mädchen nie in die Quere gekommen. Was haben sie denn gemacht, damals? Sie hätten gar nicht viel *gemacht*, sagt Dittmann und schenkt noch etwas Wein nach. Sie hätten am Strand gesessen und geredet, Freiheit sei ihr großes Thema gewesen. »Dabei war ich aber immer schon eher der für die Praxis, Robert der für die Theorie.«

Wollte man es sarkastisch formulieren, man könnte sagen, dass diese unterschiedlichen Lebenseinstellungen sich wohl erhalten haben: Deshalb lebt »Krischi« jetzt auch extrem bescheiden und nachhaltig in einem Kappelner Stall, während Robert inzwischen ein großes Haus in feinster Flensburger Lage besitzt, mit der klugen und witzigen Schriftstellerin Andrea Paluch vier Söhne hat, politische Spitzenämter besetzt und von seinen Fans für noch Höheres gehandelt wird. Wenn er nicht Kanzler wird, dann vielleicht der erste grüne Innenminister? Oder, enger an seinen Wurzeln: grüner Ministerpräsident von Schleswig-Holstein?

Aber man muss ja gar nicht immer sarkastisch sein. Dittmann und Habeck verband offenbar ein Gefühl, das viele teilen, die in den Achtzigerjahren des vergangenen Jahrhunderts aufgewachsen sind: das Gefühl nämlich, für die wirklich spannenden Zeiten zu spät geboren zu sein. »Achtundsechzig« war lange vorbei, Friedensbewegung und Gorleben-Proteste hatten sie verpasst, bei Gründung der Grünen im Jahr 1980 waren sie elf, als 1982 Helmut Kohl zum Bundeskanzler gewählt wurde und die »geistig-moralische« Wende einleiten wollte, waren sie dreizehn Jahre alt.

Als kulturelle Gegenbewegung zu den politisierten Siebzigerjahren tauchten damals, Mitte der Achtziger, die radikal unpolitischen »Popper« auf. Sie trugen Karottenhosen mit speziell geknoteten Stoffgürteln und Bommelschuhe, dazu Lacoste-Polohemden mit aufgestellten Krägen. »Erdbeerkörbchen« habe man die Popper-Mädels in seinen Kreisen genannt, sagt Dittmann: »Für die war es das Höchste der Gefühle, wenn sie das Golf-Cabrio ihrer Mutter ausleihen durften.«

Die eher materialistische als moralische Wende, für die die Popper nur Vorboten waren, triggerte bei Dittmann und wohl auch bei Habeck den Rebellenimpuls. Sie wollten sich nicht dem Mainstream des bürgerlich-gediegenen Kieler Vororts Heikendorf mit seinen Lehrer-, Juristen- und Arztfamilien, mit langweiligen Einfamilienhäusern und akkurat frisierten Vorgärten anpassen. Aber wie rebelliert man in einer Zeit, in der »der Punk immer weniger wird« (Dittmann), die in Deutschland beliebteste Musik immer noch von der schwedischen Popgruppe Abba kommt und die lokale Öko-Bewegung sich mit dem Sammeln von benutzter Alufolie und Altbatterien beschäftigt?

Da kann man höchstens zerrissene Jeans tragen – und von den Benetton-Pullovern, die es zu Weihnachten gab und die damals als schick und teuer galten, Kragen und Bündchen abschneiden, zum Entsetzen der schenkenden Tanten und Großmütter. Man kann Camus und Sartre lesen, jedweden Konformismus ablehnen, »die« Politik misstrauisch beäugen und am Strand über die großen Fragen philosophieren: Gibt es ein Leben vor dem Tod?

Es passt in diese Zeit, wie Robert Habeck den Anlass seiner persönlichen Politisierung beschreibt, nämlich nicht als Begeisterung für eine politische Idee, sondern als höchst individuelle Reaktion auf die Reaktorkatastrophe von Tschernobyl im Jahr 1986: »Dass mir vielleicht die Möglichkeit geraubt würde, glücklich zu werden, mein Leben zu leben, vielleicht die Liebe meines Lebens zu finden und Kinder zu bekommen, machte mich in diesen Tagen zum Atomkraftgegner. Die Grünen und die Anti-AKW-Bewegung, schön und gut. Es ging um mein Leben und dass mir da niemand reinpfuschen sollte«, schreibt Habeck in seiner Autobiografie *Wer wagt, beginnt. Die Politik und ich* (2016).

Man kann das sehr, nun ja, ich-bezogen finden – aber beziehen die Fridays-for-Future-Aktivisten von heute nicht ebenfalls alles Mögliche auf ihr eigenes, kostbares Selbst? Oder auf eine Zukunft, deren Rettung sie, ganz allein nur sie, bewerkstelligen werden, koste es, was es wolle, und zur Not gegen den Willen anderer Leute?

Vielleicht bedarf es immer eines gewissen jugendlichen Narzissmus, damit man sich für allgemeine Ziele zu interessieren beginnt. Es lässt sich heutzutage natürlich gar nicht mehr ermitteln, denn im Zwiegespräch ist auch Kristian Dittmann eloquent, charmant und leidenschaftlich – trotzdem vermute ich, dass damals am Strand Robert Habeck das größere Wort führte. Sein alter Schulfreund ist jedenfalls bis heute bezaubert von ihm. »Robert ist authentisch«, sagt Dittmann. »Natürlich gibt es da auch eine gewisse Eitelkeit, aber das geht doch auch gar nicht anders in der Politik: Ohne einen gewissen Frontsau-Narzissmus wirst du nix.«

Wenn man Dittmann lässt, dann gerät er ins Schwärmen: Robert liebe seine Frau und seine Kinder über alles, na klar, aber er wolle eben nicht nur privatisieren, er wolle etwas Größeres bewegen, sein Land voranbringen; es fällt der Name Robin Hood. »Ich glaube, er trifft den Nerv von vielen Menschen«, sagt Dittmann: »Wir haben es so satt, von Leuten regiert zu werden, die dieses eingeschränkte Politikerdeutsch sprechen. Da wäre Robert als Kanzler eine Offenbarung.«

Neidisch? Nein, neidisch sei er nicht auf den Freund, sagt Dittmann: »Wir sind uns ziemlich ähnlich. Ich mache die Dinge, wie ich sie machen will und nicht anders. Das tut er auch. Wir machen nur eben verschiedene Dinge.«

Es gibt keinen Grund, Kristian Dittmann, der Patenonkel eines der Habeck-Söhne ist, diesen Satz nicht zu glauben. Aber sogar wenn er neidisch wäre – wenn er sich für ein sehr bodenständiges Rebellentum hätte begeistern lassen, das jenseits von Geld, Ruhm und Macht nach Selbstverwirklichung strebt, so wäre doch alles, was er über Robert Habeck sagt, von echter Zuneigung, wenn nicht gar einer Art Liebe durchdrungen. Solche Gefühle muss man in anderen Menschen erst einmal wecken können. Letztlich ist Kristian Dittmann, dem Habeck und seine Frau Andrea Paluch in ihrem Jugendroman *Zwei Wege in den Sommer* ein literarisches Denkmal gesetzt haben, ein sympathischer, selbstgenügsamer Lebenskünstler und außerdem der auf Erden wandelnde Beweis dafür, dass schon der frühe Habeck ein Charisma von lang anhaltender Wirkung zu entfalten vermochte.

Habecks alte Heimatgemeinde Heikendorf ist glückliche Provinz pur. Schon der benachbarten Landeshauptstadt Kiel mit ihren 240 000 Einwohnern unterstellt man gern provinzielle Tendenzen, aber sie hat immerhin eine Universität und zwei Fachhochschulen, einen großen Fährhafen, Oper und Schauspiel, den Landtag und die Landesregierung, den legendären Marinestützpunkt, Reste einer einst großen Werftindustrie und ein Arbeiterstadtviertel mit vielen migrantischen Einwohnern. In Habecks Jugend bekommt Kiel sogar ein Multiplex-Kino.

Doch der Weg von Heikendorf »in die Stadt« dauert mit dem Auto 30 Minuten, mit dem Bus eine Stunde; die Dampferverbindungen über die Förde sind schön, aber spärlich und langsam. Man darf also davon ausgehen, dass sich Habecks Schüleralltag ganz überwiegend in dem ehemaligen Fischerdorf abgespielt hat, und vielleicht liegt darin einerseits ein Grund für seinen späteren Drang in die größere Welt und nach größeren Aufgaben – und andererseits für eine Haltung, die Habeck vermutlich als »Erdung« bezeichnen würde.

Die Gemeinde Heikendorf hat heute 8 000 Einwohner, die meisten der Einfamilien- und Reihenhäuser stammen aus den Sechziger- und Siebzigerjahren. Das Rathaus, samt einer kleinen Ladenzeile, in der sich die Apotheke befindet, die einst Habecks Eltern gehörte, und das Gymnasium sind typische Beispiele für die zeitgenössische Betonigkeit. Von Habecks unprätentiösem Elternhaus sind es nur wenige Gehminuten zur Schule – und zum Strand. Im Sommer kann die Familie in der Ostsee baden, wenn die Apotheke über Mittag geschlossen ist.

Robert Habeck hat das Image des bodenständigen Norddeutschen zu einem Teil seiner politischen Persona gemacht. Er trägt gern einen blauen Seglerpullover, grüßt (wie es sich hier oben gehört) zu jeder Tageszeit mit »Moin« und lässt sich oft am Meer fotografieren –

wobei er für Pressefotos und Buchcover die Nordsee zu bevorzugen scheint. Der Ostseehintergrund von Heikendorf, Kiel oder Flensburg ist etwas weniger spektakulär. Bis auf die vorbeiziehenden Containerschiffe wirkt hier alles etwas kleiner, der Sand am Heikendorfer Strand ist eher grobkörnig, zwischen den Strandkörben gibt es wenig Platz, im Sommer riecht es nach Sonnenöl und Pommesfett vom Kiosk. Im Wasser stößt man auf Steine, Algen und Quallen. Heikendorf ist also nicht gerade Kampen, Schleswig-Holsteins mondänster Badeort auf der Insel Sylt – aber als 17-Jähriger kann man hier allemal gut am Wasser sitzen, Bier trinken und philosophieren. Habeck, der manchmal erstaunlich misstrauisch sein kann und sich an anderer Stelle erstaunlich wenig schützt, schreibt in seiner Autobiografie: »Kant hat mir die Kritik beigebracht und Camus den Zweifel.« Wir müssen uns Habeck als glücklichen Oberstufenschüler vorstellen, damals am Strand.

Die Gemeinde Heikendorf rühmt sich bedeutender Söhne und Töchter auf ihrer Wikipediaseite: Neben regionalen Malern, niederdeutschen Dichtern und einer Extrem-Kanutin ist Robert Habeck dort die größte Nummer. Und mit seiner wachsenden Bekanntheit entwickeln sich im Ort regelrechte Robert-Habeck-Pfade. Der heutige Inhaber der Rathaus-Apotheke ist bereits etwas genervt von Journalisten, die versuchen, ihm mit fadenscheinigen Undercover-Methoden Details über die Familie des prominenten Grünen zu entlocken. Sowohl aus norddeutscher Zurückhaltung als auch aus nachbarschaftlicher Freundschaft möchte er die Privatsphäre der Habecks schützen, was man artig respektiert, denn natürlich ist es auch sehr unangenehm, sich fremden Menschen einfach aufzudrängen.

Trotzdem überwinde ich mich und rufe Habecks Eltern an, schließlich kann das Elternhaus eine Menge darüber sagen, wie jemand wurde, was er ist. Habecks Mutter ist am Telefon und hört sich an wie die strenge, sehr protestantische Mutter eines Ex-Freundes aus Schultagen, die mich immer in Angst und Schrecken versetzte, wenn ich ihn zu erreichen versuchte. Wahrscheinlich ist es ungerecht, diese Assoziation hier aufzurufen; nach allem, was ich weiß oder vielmehr nicht weiß, kann Habecks Mutter eine ganz reizende und warmherzige Person sein. Am Telefon aber klingt sie brüsk: Ich könne doch wohl nicht im Ernst erwarten, dass sie mir hinter Roberts Rücken und ohne seine Zustimmung auch nur irgendetwas über ihren Sohn erzählen würde.

Ich kann ihre Haltung gut nachvollziehen. Das ist freilich der Preis, den Familien dafür bezahlen, wenn ein Mitglied ins Rampenlicht tritt: Das öffentliche Interesse macht vor der Privatsphäre nicht halt, plötzlich wird allen eine Professionalität abverlangt, die sie gar nicht haben können; vielleicht wollen sie auch einfach nicht Teil der Story sein, was ihr gutes Recht ist. Ich muss allerdings einen unfreundlichen Gedanken unterdrücken: Wenn Frau Habeck öfter im gleichen Ton mit ihren Söhnen Robert und Hinrich gesprochen hat wie mit mir, dann haben die beiden bestimmt immer ordentlich ihre Hausaufgaben gemacht und nur selten ein

Sporttraining versäumt. Von Robert Habeck ist jedenfalls überliefert, dass er seine eigenen Söhne in der einen oder anderen Situation aufforderte, »keine Lappen« zu sein. Vielleicht waren »Sich zusammenreißen« und »Sich nicht anstellen« auch Maximen der Erziehung, die er selbst genossen hat. Dass er sich unglaublich anstrengen kann, hat er in seiner beruflichen und politischen Laufbahn jedenfalls immer wieder bewiesen.

Zum Personal des Habeck-Trails gehören auch einige Lehrer des Heikendorfer Gymnasiums, der Heinrich-Heine-Schule. Einen von ihnen, Norbert Sieverding, darf ich in seinem behaglichen Reihenhaus treffen. Es gibt reichlich Kaffee. »Sie sind jetzt die Vierte, mit der ich spreche«, sagt Sieverding vergnügt. Vor mir fragte schon die *ZEIT* nach seinem besonderen Schüler, außerdem eine Kollegin und ein Kollege, die wohl ebenfalls Bücher über Habeck schreiben. Sieverding, ein promovierter Germanist, kam 1984 an die Anfang der Siebzigerjahre im Zuge der großen Bildungsexpansion als »Gymnasium im Entstehen« gegründete Heinrich-Heine-Schule – wobei es über die Namensgebung heftigen Streit gab: Was zum Teufel hatte der linke Dichter und Denker Heine mit Heikendorf zu tun? Und warum konnte die Neugründung nicht »Konrad-Adenauer-Gymnasium« heißen? Doch diesen politischen Konflikt zwischen konservativen und progressiven Heikendorfer Kräften erlebten Habeck und sein Kumpel Kristian Dittmann noch nicht als Gymnasiasten mit.

Norbert Sieverding war Lehrer und dann zehn Jahre lang auch stellvertretender Schulleiter am Heikendorfer

Gymnasium, bevor er an einem anderen Gymnasium im Kieler Umland Chef wurde. Er ist einer dieser Pädagogen, die niemals mit 65 Jahren pensioniert werden dürften, weil sie viel zu viel Energie in sich haben, um sich nur noch dem Haus, dem Garten und der Zeitungslektüre zu widmen. Tatsächlich hat er immer noch viel um die Ohren.

Mit Robert Habeck ist Sieverding seit der gemeinsamen Arbeit in der Theater-AG per Du – und auch ein bisschen befreundet. Als er 2017 in den Ruhestand verabschiedet wurde, hatten seine Kollegen den ehemaligen Schüler Habeck, der damals in der SPD-Grünen-SSW-Regierung Minister für Energie und Landwirtschaft und stellvertretender Ministerpräsident in Kiel war, als Überraschungsgast eingeladen. Habeck kam und war wie immer, nämlich großartig. Auch nach einem Interview, das Sieverding der *ZEIT* gegeben hatte, meldete sich Habeck per Mail bei ihm und bedankte sich für die freundlichen Worte. »Robert möchte den Draht zu seinen Wurzeln nicht verlieren«, sagt Sieverding, »er hängt tatsächlich an seinem alten Lehrer oder an seinem Handballverein – und er möchte den Leuten von früher nicht den Eindruck vermitteln, dass das, was er heute tut, wichtiger ist.«

Die Leitung der Theater-AG habe zu den Aufgaben seines Berufes gehört, die ihm am meisten Spaß gemacht hätten, sagt Sieverding. »Das war Projektarbeit im besten Sinne, eine Form des Umgangs mit den Schülern, die in dieser Breite erst später modern wurde.« Es gab keine Noten und kein Leistungsziel außer einer gelungenen Aufführung. Das Ergebnis war die Summe einer kollektiven Anstrengung. »Und die von Oskar Lafontaine später so gescholtenen ›Sekundärtugenden‹ wie Pünktlichkeit und Verlässlichkeit setzten die Schüler schon untereinander durch«, sagt Sieverding. Eigentlich war die Arbeitsgemeinschaft nur für Oberstufenschüler vorgesehen, aber Robert Habeck boxte sich schon als Neuntklässler hinein. Er spielte zunächst kleinere Rollen in Shakespeares *Sommernachtstraum* und in Max Frischs *Andorra*, später dann den Bettlerkönig Peachum in Bertolt Brechts *Dreigroschenoper* und den »Horribilicribrifax« in einem weitgehend unbekannten Stück von Andreas Gryphius. Als Peachum sei Habeck im dreiteiligen Anzug, mit Hut und Krawatte über die Bühne stolziert und habe sich ausprobiert, sagt Sieverding.

Habeck selbst schreibt in seiner Autobiografie: »Ich muss zugeben, dass ich mich mit dem Machtmenschen Peachum zu identifizieren begann.« Gleichzeitig habe er sich mit seiner Gesangsrolle extrem schwergetan, was man ihm auch angemerkt habe. Ein Schauspielerkollege sagte damals: »Du musst dir vornehmen, selbstbewusst zu sein, um selbstbewusst zu werden.« Es funktionierte. Habeck selbst stellt den Zusammenhang zwischen dieser Erfahrung und seiner späteren politischen Rolle her: »Auch Politik ist eine Bühne«, schreibt er: »Aber wie es ist, Politiker zu sein, lernt man eben nicht vorher. Man muss es tun. Meine Peachum-Erfahrung hat mich gelehrt, dass man sich trauen muss, wenn man etwas durchsetzen will (...). Das gilt nicht nur fürs Redenhalten. Das Sich-Trauen im Sinne von

›Ich stelle mich jetzt da vor die Leute hin und lass mir nicht anmerken, dass ich Angst habe‹ und das Sich-Trauen im Sinne von ›Ich wage es, auch anzuecken‹ bedingen einander.« Mit anderen Worten: Habeck sah eine tapfere äußere Haltung als Voraussetzung für Tapferkeit in der Sache. Im Laufe seiner Politiker-Werdung hat Habecks Begeisterung fürs Anecken allerdings ein wenig nachgelassen.

Norbert Sieverding erinnert sich gern daran, wie Robert Habeck den Horribilicribrifax spielte, den wortgewaltigen »schrecklichen Sieber« und namensgebenden Helden einer Komödie aus dem 17. Jahrhundert. »Er war laut, raumgreifend, die Bühne dominierend und volle Pulle agierend«, sagt Sieverding. Dabei trug Habeck, wie alte Zeitungsfotos belegen, Pluderhose und Holzschwert, außerdem einen Sombrero und einen gewaltigen Schnauzbart. »Robert hat den Unterricht in der Oberstufe und speziell das Theater genutzt, um die richtigen Fragen für sein Leben zu finden«, sagt Sieverding: »Die männliche Hauptrolle war ihm dabei durchaus wichtig.« Dass er die immer bekam, sei freilich kein Automatismus gewesen, die Konkurrenz war heftig. Schon damals zeigte sich bei Habeck offenbar ein Durchsetzungs-Gen, das ihm auch später in seiner politischen Laufbahn zugutekommen sollte. »Er hatte klare Vorstellungen, was er wollte«, sagt sein ehemaliger Lehrer. »Dafür ging er zur Not über die Schmerzgrenze.« Wer ihn zum Gegner habe, dürfe ihn nicht unterschätzen.

Nun kennt man Habeck eher als verbindlichen, jederzeit freundlichen Politiker, der sich höchstens einmal über kritikwürdige politische Sachverhalte aufregt, aber fast nie persönlich wird. Vielleicht kann man es so formulieren: Habeck sucht keinen Streit, aber wer Streit mit ihm sucht, der kann ihn haben. Das wäre die eine Hälfte der Wahrheit. Die andere: Wer etwas haben will, das Habeck schon für sich selbst ausgesucht hat, sucht offenbar Streit. Wobei der Spitzengrüne erstens ziemlich gut darin ist, solche Konflikte hinter der Bühne für sich zu entscheiden. Und offenbar zweitens kein schlechter Verlierer ist: Wenn es einmal nicht klappt, dann schafft er es, sich wieder in ein Team einzuordnen. Für den Erfolg von Annalena Baerbocks Spitzenkandidatur wird es wesentlich darauf ankommen, wie gut Habeck auch nach seiner großen Enttäuschung die Geschichte von der Einvernehmlichkeit an der Grünen-Spitze durchhält. Andere unterlegene Spitzenpolitiker haben immer wieder gezeigt, dass Loyalität nach einer Niederlage schwerfallen kann. Bei Baerbock/Habeck deuten sich zumindest Haarrisse an, wenn der Unterlegene öffentlich sagt: »Dass Annalena eine Frau in einem ansonsten männlichen Wahlkampf ist, war ein zentrales Kriterium.« Das heißt ja schon: Sie ist es – nur? – geworden, weil sie eine Frau ist. Aus privater Kommunikation mit Robert Habeck weiß ich, dass er das Wort »nur« niemals aussprechen würde. Aber ich traue ihm zu, dass er »überwiegend« denkt.

Es kann sein, dass Habecks durchaus vorhandene Härte hinter der vermeintlichen Weichheit eines Schriftstellers, Philosophen und Grünen-Politikers einen Teil jener nicht direkt machohaft wirkenden Männlichkeit ausmacht, die bei Frauen besonders gut ankommt. Kein »Lappen« zu sein und sich im Zweifelsfall durchzusetzen – das empfiehlt einen Mann nicht nur auf der politischen Ebene. Habeck selbst aber gibt sich (und sieht sich) weniger als eine Person mit der Fähigkeit, ihren Willen durchzusetzen, sondern vielmehr als Person des Ausgleichs, des Kompromisses. Dafür finden sich frühe Anzeichen.

Bereits mit 16 Jahren wird Habeck zum Schülersprecher gewählt, gründet eine Politik-AG und darf als einziger Schüler einen Beitrag für die Schulchronik verfassen. In diesem Text – vermutlich inzwischen einer der meistzitierten Schülertexte der Republik – stellt er sich vor allem als Vermittler dar: »Zu Beginn meiner Amtszeit war ich fest entschlossen, meine Pläne und Ideen mit allen Mitteln durchzusetzen und bis zum Letzten um sie zu kämpfen«, schreibt er: »Doch bald merkte ich, dass bestimmte Dinge nicht zu erreichen waren. Und obwohl das Wort ›Kompromiss‹ den verächtlichen Beigeschmack von ›Halbwahrheit‹ und ›Verrat‹ hatte, war ich gezwungen, Kompromisse einzugehen. Andernfalls wäre ich schnell verzweifelt, hätte alle Kraft an sinnlose Dinge vergeudet und das, was möglich war, auch nicht erreicht.«

Bis heute findet sich bei Robert Habeck fast immer ein Einerseits-Andererseits, das einerseits sympathisch klingt, andererseits aber seine Zuhörer oder Leser manchmal ein wenig ratlos zurücklässt: Was ist denn nun *seine* Meinung? Was will er denn *tun?* »Um das Mögliche zu erreichen, muss immer wieder das Unmögliche versucht werden«, schreibt der junge Habeck 1987. Doch auch die Unerbittlichkeit bei der Interessensdurchsetzung deutet sich in dem Beitrag für die Schulchronik bereits an: »Neues kann nur entstehen, wenn Ideen und Meinungen von verschiedenen Seiten aufeinanderprallen und miteinander konkurrieren«, heißt es in diesem Text: »Aber letztlich muss man selbst Entscheidungen treffen und für sie geradestehen. Man kann nicht alle Meinungen berücksichtigen. Man kann sich nicht selbst verraten (...).« Mit 17 Jahren vertritt Robert Habeck also bereits den Standpunkt: Wo es geht, Kompromiss. Wo es nicht geht: Entscheidung – mit allen Konsequenzen, die das haben kann.

Wenn man Norbert Sieverding fragt, ob in seinem Schüler schon der außergewöhnliche Politiker angelegt gewesen sei, der Habeck heute gewiss ist, dann wählt er seine Worte vorsichtig: »Ich meine, wahrgenommen zu haben«, sagt er, »dass Robert, wenn er sich noch nicht sicher ist, welches Potenzial eine Perspektive enthält, dass er dann ZISCH!«, und hier macht Sieverding eine weit ausholende Geste durch die Luft, »einen ganz weiten Rahmen absteckt. Dass er immer erst nach den maximalen Möglichkeiten schaut, bevor er sich mit weniger zufrieden gibt. Habeck ist wie ein Bildhauer mit einem riesengroßen Stein, an dem er dann herummeißelt.« Stets sei die Sprache seine Ausdrucksform gewesen, er habe durchaus zu »Wortreichtum« geneigt, gerade bei seinen lyrischen Versuchen, nie sei es seine Sache gewesen, den Mund zu halten. Bei all dem sei Robert Habeck bis heute in einem erstaunlichen Maße authentisch geblieben, sagt Norbert Sieverding: »Ich glaube, das ist jemand, der könnte gut für uns alle sein.«

Nach dem Abitur 1989 tut Habeck drei sehr generationentypische Dinge: Er geht auf Interrailtour, er leistet Zivildienst, und er entscheidet sich für ein geisteswissenschaftliches Studium, an dessen Ende kein klares Berufsbild steht. In den Achtzigerjahren war der Drang, nach dem Abitur erst einmal »rauszukommen« und die mehr oder weniger strengen Regeln von Elternhaus und Schule hinter sich zu lassen, vielleicht noch ausgeprägter als heute, wo es zum guten Ton gehört, bereits mit 15 oder 16 Jahren ein Schuljahr im Ausland zu verbringen und sich später, wenn irgend möglich, um ein Erasmus-Stipendium zu bemühen. In Spanien, Frankreich, Kroatien und Italien haben Jugendliche heute im Zweifel schon mit ihren Eltern Urlaub gemacht. Aber wer in den Achtzigerjahren jung war, für den hielt »Europa« in der Regel viele unbekannte Verheißungen bereit. Billigflüge nach überall gab es noch nicht.

Außerdem war man in den Achtzigerjahren noch weit vom fröhlichen »Sommermärchen«-Patriotismus der Fußballweltmeisterschaft in Deutschland 2006 entfernt. In gefühlslinken Kreisen war es üblich, »Deutschland« mit einer großen Skepsis zu betrachten, die sich letztlich aus den Verbrechen der Nazizeit herleitete, sich alltagskulturell aber eher an Spießigkeit, Gartenzwergen und dem peinlichen Benehmen deutscher Mallorca-Urlauber festmachte. Aus jener Zeit stammen Aufkleber mit dem Slogan »Ausländer! Lasst uns mit diesen Deutschen nicht allein!«

»Deutschland war für mich damals der Gegenbegriff zu Freiheit«, schreibt Robert Habeck in *Wer wagt, beginnt* über diese Zeit: »Es stand für feste Regeln, Erwartbares (…). Ich fand einfach nur, dass Europa cool war und Deutschland nicht so richtig.« Erst Jahre später formuliert Habeck ein »linkes Plädoyer« für eine neue Art Heimatliebe (*Patriotismus. Ein linkes Plädoyer,* 2010) und bemüht sich als Parteivorsitzender der Grünen gemeinsam mit seiner Co-Vorsitzenden Annalena Baerbock um die Entwicklung eines positiven linken Deutschlandbildes. Ganz und gar erfolgreich waren die beiden Vorsitzenden damit allerdings immer noch nicht: Im Mai 2021 rebellierten Mitglieder der Grünen Jugend gegen den Titel des Wahlprogramms, den Baerbock und Habeck zu verantworten hatten. »Deutschland. Alles ist drin« soll es nach dem Willen des Parteinachwuchses nicht heißen dürfen – zu nationalistisch. Der Sound solcher Debatten wirkt eigenartig aus der Zeit gefallen und zeigt, dass die Grünen wenigstens in Teilen doch traditionsbewusster sind, als die Vorsitzenden heute glauben machen wollen.

Für Habeck und viele andere aus seiner Generation war, jedenfalls in den Achtzigerjahren, das vergleichsweise billige Interrailticket das Mittel der Wahl. Es kostete 400 Mark und erlaubte einen Monat lang europaweite Bahnreisen – natürlich mussten Verpflegung und Unterkunft erschwinglich sein. »In diesen Sommermonaten wurde ich europäischer Patriot«, schreibt Habeck in seiner rückblickenden Selbstinterpretation: »Ich verliebte mich in den alten Kontinent und in die

Möglichkeiten, die er mir bot und die dieser Sommer bereithielt. Es ging nicht nur um Reisefreiheit und Romantik. Europa, das war schon damals der Inbegriff der Erfahrung des Fremden, von Solidarität, als wir ohne Essen im damaligen Jugoslawien feststeckten und uns die Mitreisenden mit hart gekochten Eiern und Schnaps versorgten; die Lust, sich in Sprachen zu unterhalten, die man nicht verstand (...).«

Man kann sich gut vorstellen, dass Robert Habeck sich auch durch eine ihm unbekannte Sprache nicht am Reden hindern lässt. Und noch etwas wird an seinen Schilderungen deutlich: seine Art, vieles auf sich selbst zu beziehen: »Rückblickend ist es traurig«, schreibt er, »dass ich nicht ahnte oder spürte, was sich da zusammenbraute, dass ich in Skopje und Sarajewo unbekümmert auf dem Bahnhof schlief, während nur wenige Jahre später Krieg, Scharfschützen und Mörder Leid, Tod und Not über die Menschen brachten und meinen Freiheitstraum an genau jenem Ort durchlöchern würden.«

Nach dem Interrailsommer tritt Robert Habeck in Hamburg seinen Zivildienst an. Auch damit liegt er im Mainstream: 1989 geht die Mehrheit der Abiturienten in Westdeutschland nicht mehr zur Bundeswehr. Wer sich rebellisch und intellektuell fühlt, tut es garantiert nicht. Habeck arbeitet in einer Hamburger Behinderten-Wohngemeinschaft. Über die Zeit dort schreibt er: »Ich habe damals Körper eingecremt, wie ich nie wieder welche gesehen habe. Und ich habe so viele Köperexkremente abgewischt und abgeduscht, dass ich nur fünf Jahre später, als ich Vater wurde und wieder Windeln wechseln musste, mir vorkam wie im Paradies.« Robert Habeck reagiert auf die Zumutungen des Zivildienstes wie viele seiner Altersgenossen. Naheliegenderweise ist erst einmal niemand von einem derartigen Job begeistert, im Rückblick sind aber viele ehemalige »Zivis« froh, wirklich einmal Menschen geholfen zu haben. Respekt vor pflegenden Berufen lehrt die Erfahrung allemal.

Robert Habeck entscheidet sich nach seinem Zivildienst für ein Studium der Germanistik, Philosophie und alten Philologie in Freiburg. Auch diese Fächerwahl kann man vor dem Hintergrund des gesellschaftlichen Klimas in den Achtzigerjahren sehen. Zwar werden auch damals Ärztekinder Ärzte, Juristenkinder Juristen und Apothekerkinder Apotheker, aber der Begriff Karriere ist noch kein biografischer Imperativ, die Nützlichkeit eines Studiums ist nicht das einzige Kriterium, und Betriebswirte, »BWLer«, gelten in linken Kreisen oft als Streber oder Karrieristen. Bei den Geisteswissenschaftlern herrscht ein mehr oder weniger fröhlicher Fatalismus: Man kalkuliert ein, dass der angestrebte Abschluss einen direkt zum Taxifahrer qualifiziert. Aber mit Glück ist eben auch eine Hochschullaufbahn drin. Wer Sprachen oder Geschichte studiert, kann zur Not in die Schule, oder er muss seinen Beruf eben selbst erfinden, als Journalist, Lektor, Museumsmensch oder Schriftsteller.

Sowohl Andrea Paluch, die er in einem Theaterkurs an der Universität Freiburg kennenlernt, als auch Habeck selbst machen einen Magisterabschluss und erhalten

Promotionsstipendien. Habeck schreibt eine literaturwissenschaftliche Arbeit. »Gattungstheoretische Begründung literarischer Ästhetizität. Die Natur der Literatur« lautet ihr Titel. Sie enthält Sätze wie den folgenden: »Korrespondiert die Unbestimmtheit literarischer Erkenntnis der Negativität der Anschauung, so korrespondiert ihre rationale Formalität der Positivität des Materials der Poesie.« Ich weiß ehrlich gesagt nicht ganz genau, was dieser Satz bedeutet, aber es wäre unfair, sich darüber allzu lustig zu machen: Habeck weist mit solchen Formulierungen lediglich nach, dass er den gängigen Stil der Geistes- und Sozialwissenschaften zu verwenden vermag. Dass Doktorarbeiten gern auch lesbar sein sollen, wurde einem von Professorenseite weder damals aufgedrängt, noch wird es das heute. Man darf allerdings vermuten, dass die akademische Umständlichkeit Robert Habeck doch zu wenig lebendig erschien – jedenfalls schlug er gemeinsam mit seiner damaligen Freundin und späteren Ehefrau einen anderen Weg ein und schrieb gut lesbare, unterhaltsame Romane und aktuell intervenierende politische Sachbücher.

Die beiden riskierten, wovon viele träumen, ohne es zustande zu bringen: Sie beschlossen, Schriftsteller zu werden.

Habeck und Paluch gelang das zehn Jahre lang ziemlich gut, und während des gemeinsamen Schreibens – für andere Autoren eine Horrorvorstellung – zogen sie auch noch vier Söhne groß. Der schriftstellerische Erfolg machte die beiden zu einem Ausnahmepaar; ebenso die

Tatsache, dass sie früh zusammenfanden und bis heute zusammen sind.

Dass ein Ehepaar aus unserer Generation die Silberhochzeit erreicht, wie es Habeck und Paluch 2021 tun, ist in Zeiten von Patchwork und Beziehungsdesign eher ungewöhnlich, fast ein wenig spießig. Dass sie ihre Kinder noch im Studium bekommen – und so viele! – ist fast ein Alleinstellungsmerkmal. Selbst heute wären vier Söhne eine Herausforderung, aber in den Neunziger- und den früher 2000er-Jahren ist die Vereinbarkeit von Familie und Beruf noch kein Beinahe-Staatsziel und eine Studentenwerks-Kita auf dem Hochschulcampus etwas Besonderes. Über die gute Arbeitsteilung beim Verfassen ihrer Romane und Jugendbücher sind sich Paluch und Habeck weitgehend einig. Bei der Bestimmung des exakten Anteils an Haus- und Erziehungsarbeit, den jeder leistet, gehen die Meinungen etwas weiter auseinander. Aber die Beziehung muss auf jeden Fall etwas Tragfähiges haben. Und es ist ein Mythos, dass für eine emanzipierte Beziehung – noch dazu eine Beziehung unter den Bedingungen eines immer öffentlicheren Lebens – vor allem ein emanzipierter Mann nötig sei. An Robert Habeck gibt es einige durchaus konventionelle Aspekte. Wirklich außergewöhnlich ist seine Frau.

2. KAPITEL

Die coolste Ehefrau von allen

FRÜHERE HAMBURGER KOLLEGINNEN von mir arbeiten inzwischen für ein Frauenmagazin in München. Sie fragen mich, ob ich »die Frau von Robert Habeck« für sie porträtieren könne. Ich sage, dass ich das gerne tun würde, weil es selbstverständlich wahnsinnig interessant ist, mit wem der erfolgreiche Grünen-Vorsitzende, von dem ja nicht zuletzt viele Frauen begeistert sind, seit so langer Zeit zusammenlebt und so lange zusammengearbeitet hat. Ich fürchte aber auch, dass ich gegenüber Andrea Paluch nur einmal die Formulierung »die Frau von« zu verwenden brauche, damit aus einem Gespräch garantiert nichts wird.

Es ist eigenartig mit dem deutschen Journalismus: Er möchte immer so fortschrittlich sein, aber reaktionäre Reflexe halten sich hartnäckig. Als ich selbst, verheiratet mit einem SPD-Bundestagsabgeordneten, 2012 in Kiel für das Amt der Oberbürgermeisterin kandidierte, musste ich der Lokalzeitung mühsam beibringen, dass ich dort als Person aus eigenem Recht antrat und nicht als »Frau von«.

Ich erreiche Andrea Paluch über eine private E-Mail-

Adresse, die damals noch im Netz zu finden ist. Und es kommt so, wie ich es erwartet habe: Paluch ist gern zu einem Gespräch bereit. Aber es soll dann bitte ausschließlich um sie als Autorin, Übersetzerin und Mutter von vier Kindern gehen. Über Robert Habeck und ihre Beziehung wird sie nichts Zitierfähiges sagen. Ich teile diese Ansage der Redaktion in München mit, und wie immer, wenn man einen Gesprächspartner unbedingt gewinnen will, werden alle Bedingungen erst einmal bereitwillig akzeptiert (»gar kein Problem«). Später gibt es dann doch etwas nerviges Gerangel darum, ob nicht mehr Habeck-Paluch-Beziehungs-Gedöns in den Text könnte, aber wir einigen uns schließlich auf eine Fassung, mit der alle Beteiligten leben können.

In der *Süddeutschen Zeitung* war zu lesen, Menschen, die sie näher kennengelernt hätten, beschrieben Andrea Paluch als eine Frau, »die mehr Grips und Temperament hat, als nötig wären, um es mit Robert Habeck aufzunehmen«. Nachdem ich ihr persönlich begegnet bin, kann ich sagen: Das stimmt wohl – und außerdem ist sie unglaublich witzig.

Am liebsten hätte ich Paluch zu Hause in Flensburg besucht, wo sie und Habeck in einem schönen Villenviertel wohnen. Als ich später mit einem befreundeten Flensburger Journalisten dort spazierengehe, wird unser Besuch sofort weitergemeldet: »Waren Sie gestern beim Hausbesuch mit dem Kollegen vom *Flensburger Tageblatt?*«, fragt Habeck mich per SMS: »Pfeifen hier die Spatzen so.« In Flensburg sind halt alle Verhältnisse überschaubar. Doch während Paluch und Habeck in ihren Schriftstellerzeiten geradezu selbstentblößend offen waren – in gemeinsamen Interviews, in ihren Romanen, die viel Persönliches verarbeiten –, wird die Privatsphäre inzwischen, seit Habeck hauptberuflich Politik macht, eisern verteidigt.

Wie bei Habecks Eltern kann ich das auch bei seiner Ehefrau gut verstehen. Journalisten, mich eingeschlossen, suchen sich allzu gern private Details heraus, um aus diesen Details dann auf die ganze Persönlichkeit zu schließen. Und wer möchte wirklich, dass der Badezimmerschrank auf die ökologisch korrekte Rasierwassermarke untersucht oder dass die moderne Kücheneinrichtung zum Hinweis auf die Kanzlerfähigkeit des Kandidaten stilisiert wird? Schriftsteller werfen ihre *Homestory* häufig, vielleicht auch notgedrungen, als verkaufsfördernde Beigabe auf den Markt. Politiker tun gut daran, das bleiben zu lassen. Bei Habeck/Paluch gibt es da einfach einen Bruch zwischen ihrem gemeinsamen ersten und seinem zweiten Berufsleben.

Ich treffe Andrea Paluch also in Berlin, wo sie ohnehin häufig ist, um ihren Mann und die Söhne zu sehen, die inzwischen dort studieren. Auch nutzt sie mit Begeisterung das kulturelle Angebot der Hauptstadt – was naheliegt, wenn man Flensburg gewohnt ist. Zum Arbeiten komme sie in Berlin allerdings fast gar nicht, sagt Paluch: zu viele Freunde, zu viele Museen, zu viel los. Zum Schreiben sei ihr Zuhause weiterhin ideal.

Für das Interview wollten wir eigentlich auf dem Tegeler See paddeln gehen. Ich habe dort ein Kanu liegen, und es ist immer schön, wenn man für ein journalistisches Porträt irgendeine Rahmenhandlung zur Verfügung hat. Aber das Wetter spielt nicht mit, ein fürchterlicher Frühsommertag, der Himmel schwarz, es gießt unausgesetzt. Nicht einmal Flensburger sollte man unter diesen Umständen aufs Wasser locken. Also treffen wir uns bei mir zu Hause. Der Esstisch steht im Berliner Zimmer unserer Berliner Wohnung, es gibt Tee; an Kuchen hat sie nicht viel Interesse. Dabei ist Paluch auf diese unfaire Weise schlank, die manchem Menschen einfach geschenkt zu sein scheint: Sie können essen, was sie wollen, es hat keine Folgen.

Wir sprechen über das Älterwerden. Als sie beschlossen habe, ihre ursprünglich braunen Haare nicht mehr zu färben, habe sie durchaus eine Art Generationensprung gemacht, sagt Paluch. Seitdem gehöre sie, die 50-Jährige, optisch eindeutig in die Kategorie »ältere Frau«. Aber *wenn* jemand in der Lage ist, ohne Attraktivitätseinbußen mit grauen Haaren durchzukommen, ist es vermutlich Paluch. Das liegt an ihrem Intellekt, an ihren blitzenden Augen und an ihrem Humor. Natürlich sagt sie im Gespräch doch ein paar kluge Dinge über Habeck, die aber verabredungsgemäß nicht zitiert werden sollen. Vielleicht kann man es so ausdrücken: Paluch spricht liebevoll, lustig und realistisch über ihren Mann. Sie wirkt wie eine Frau, die keinerlei Zweifel an ihrer Beziehung hat. Dass über die Qualität dieser Beziehung – die Kinder aus dem Haus, sie überwiegend in Flensburg, er mit allen Versuchungen eines Parteichefs in Babylon-Berlin – doch gelegentlich spekuliert wird, ist allerdings zum Teil auch ihre eigene Schuld. In ihrem ersten Soloroman *Zwischen den Jahren* beschreibt Paluch ein Eifersuchtsdrama, das fast eine Beziehung zerstört, die der Ehe von Habeck/Paluch erstaunlich ähnelt. Nun ist es eine literaturwissenschaftliche Binsenweisheit, dass eine Autorin nicht identisch mit ihren Figuren ist. Aber Paluch und ihr Mann haben sich für zahlreiche gemeinsame Bücher immer wieder großzügig in der eigenen Biografie bedient. Es ist also keine absolut aus der Luft gegriffene Vermutung, dass Eifersucht zwischen ihnen irgendwann ein Thema gewesen sein könnte.

Gleichzeitig scheint Paluch so sehr in sich zu ruhen und amüsiert sich dermaßen darüber, wer Habeck als mögliche Affäre angedichtet wird, dass man nur feststellen kann: Diese Frau hat keine Angst. Möglicherweise liegt das daran, dass sie eine fundamentale Wahrheit über Männer wie Habeck verstanden hat: Solchen Typen darf man auf keinen Fall hinterherlaufen, man darf nicht für sie schwärmen und sie nicht verehren – dass sie großartig sind, glauben sie ja selbst. Und für Leute, die sie bewundernd von unten anhimmeln, haben sie letztlich nur Verachtung oder Mitleid übrig.

Die Beziehung Habeck/Paluch hingegen begann in ihren Freiburger Studententagen mit einer *Challenge*, die die beiden in Interviews beschrieben haben: »Zwei Norddeutsche in Süddeutschland, und Pfingsten stand vor der Tür«, erzählte Robert Habeck den *Kieler Nachrichten:* »Da haben wir abgemacht, wenn der eine oder die andere nach Italien fährt, muss man dem anderen Bescheid sagen, und der andere muss dann auch mitkommen. Am Abend vor Pfingsten (...) hat Andrea mich aus Luzern angerufen und gesagt, sie fährt am nächsten Tag nach Pisa und jetzt sei es an mir, mein Wort einzulösen. Ich stand am nächsten Morgen um vier Uhr an der Autobahn, um nach Luzern zu trampen. Und kein Auto hielt. Drei Stunden totale Flaute. Und dabei ging es echt um die Ehre oder vielmehr auch um das Lebensglück.«

Keine Sorge, die Geschichte geht gut aus – aber man beachte die Reihenfolge von »Ehre« und »Lebensglück« in Habecks Erzählung. Meist werden die Stationen des gemeinsamen Lebens aus der Perspektive von Robert Habeck erzählt. Aber es geht natürlich auch umgekehrt. Paluch lernt Habeck beim Studium an der Uni Freiburg kennen. Nach der Italien-Challenge werden die beiden ein Paar. Habeck verursacht gleich zu Anfang Beziehungsstress, weil er sich in wenig sozialverträglicher Weise in die Schriften des Philosophen Martin Heidegger vergräbt. Doch nach einem Studienortwechsel Richtung Hamburg und einer gemeinsam in Dänemark verbrachten Zeit – er in Kopenhagen, sie in Roskilde – raufen die beiden sich zusammen. Sie übersetzen gemeinsam englische Lyrik, zum Beispiel die *Birthday Letters* von Ted Hughes an Sylvia Plath. Ihre Übersetzung von »Ein Morgen grünes Gras« (William Butler Yeats) erscheint im renommierten Luchterhand Verlag. Zweimal werden sie mit dem Preis für literarische Übersetzungen der Stadt Hamburg ausgezeichnet. 1996 kommt das erste Kind, 1999 bringt Andrea Paluch Zwillinge zur Welt, 2002 wird der vierte Sohn geboren. In einem Zeitungsinterview bemängelt Paluch scherzhaft, dass ihr eigentlich Mädchen versprochen worden seien – Robert Habeck macht dazu in einem Zeitungsinterview die irgendwie selbstironische Bemerkung, Jungs »machten« Jungs, Männer aber »machten« Mädchen. Nun ja.

In der sogenannten »Rushhour« des Lebens, die für Paluch/Habeck mit Mitte 20 anbricht, studieren sie im Ausland, schreiben zwei Magister- und zwei Doktorarbeiten, heiraten, füttern, wickeln und bespielen vier Kleinkinder, veröffentlichen ihren ersten gemeinsamen Roman (*Hauke Haiens Tod,* 2001 bei Piper) und kaufen ihr erstes Haus.

Manchen würde das reichen, um sich für den Rest des Erwachsenenlebens darauf auszuruhen. Aber Robert Habeck ist rastlos, rastloser vermutlich als Paluch. Als er sieben Jahre nach seinem Parteieintritt 2009 in die hauptamtliche Politik wechselt – zunächst als Abgeordneter und Fraktionsvorsitzender im Kieler Landtag, als Minister und stellvertretender Ministerpräsident in Kiel von 2012 bis 2018 und als Chef der Bundespartei in Berlin 2018 –, dürfte das für sie das schlechtere Geschäft gewesen sein als für ihn. Zwar hatten Paluch und die Söhne jedes Verständnis für Habecks Wunsch nach mehr Wirksamkeit. »Robert braucht einen größeren Kampfplatz als unseren Schreibtisch«, sagte Paluch 2012 dem *Redaktionsnetzwerk Deutschland:* »In der Politik kann er sich austoben.« Doch ihr ging erstens ihr Co-Autor verloren, mit dem sie eine bewährte gemeinsame Erzählerstimme entwickelt hatte. »Auf einmal hatte ich einen einsamen Beruf«, sagt sie.

Zweitens seien die Kinder zwar nicht mehr klein, aber doch immer noch vier Schulkinder gewesen. Plötzlich war sie allein zuständig für die Pflege eines großen Hauses und eines weitläufigen Gartens, für Hausaufgabenbetreuung und Einkauf. »Vor allem Kochen fand ich furchtbar«, sagt Paluch im Gespräch für unser Frauenzeitungs-Porträt: »Man steckt unendlich viel Aufwand und Energie rein und kriegt von den Kindern null Anerkennung.«

Drittens kann man sich vorstellen, dass der sukzessive Auszug der Kinder Paluch härter getroffen haben könnte als Habeck. Mütter leiden unter dieser Phase oft doch etwas mehr als Väter. Außerdem blieb sie ja in dem sich leerenden Haus wohnen und behielt ihren ruhigen Arbeitsplatz dort, während Habeck in Kiel oder Berlin dauerbeansprucht war. Was natürlich auch die gemeinsame Beziehungszeit reduzierte.

Viertens ist die Entscheidung für ein Politikerleben etwas, das der Partner oder die Partnerin so sehr mittragen kann, wie er oder sie will – die Umstellung ist doch totaler, als man sich das vorher vorstellt. Selbst bei den Grünen kann es trotz ihres fortschrittlichen Familienbildes vorkommen, dass man von der Gattin des stellvertretenden Ministerpräsidenten die Wahrnehmung einiger repräsentativer Verpflichtungen erwartet und dass es Kopfschütteln gibt, wenn das nicht passiert. Dann ist da das lästige Interesse der Presse an einer Person, deren Aussehen und deren Handlungen auf einmal bedeutsam für die Bewertung eines Politikers werden. Die Partnerin bekommt mediale Aufmerksamkeit, aber nicht die Gratifikationen des Politikerberufs, die mit der Zuschreibung von Wichtigkeit einhergehen: nahezu unbegrenzte Information, Zuarbeit und reibungsloser Transport von A nach B.

Für eine Autorin wie Andrea Paluch muss die Konstellation besonders tückisch sein, kann sie doch sicher davon ausgehen, dass mit der zunehmenden Bedeutung ihres Ehemanns sowohl die alten gemeinsamen wie auch ihre neuen Soloromane liebevoll auf Stellen durchsucht werden, die Rückschlüsse auf das Privatleben des Paares zulassen. Paluch hat also, wenn man so will, in eine Teilenteignung ihres Lebens und ihres Werkes eingewilligt. Der logische Einwand gegen Journalisten und Biografinnen wäre: Dann lasst doch solche übergriffige Literaturauswertung einfach bleiben! Vielleicht wäre das anständiger. Auf der anderen Seite hat es noch nie einen deutschen Spitzenpolitiker gegeben – und auf der internationalen Bühne fallen einem auch nur wenige ein, am ehesten vielleicht der Literaturnobelpreisträger Winston Churchill –, von dem so viele literarische Selbstzeugnisse vorliegen wie von Robert Habeck und seiner Ehefrau. Dabei geht es ja nicht in erster Linie um empirische »Wahrheiten«, sondern vor allem um eine Gedanken- und Bilderwelt. Die bei der Annäherung an den Politiker völlig außer Acht zu lassen wäre reichlich merkwürdig.

Andrea Paluch hat den »Paluch-Habeck-Ton« in einem Interview mit dem *Deutschlandfunk* so beschrieben: Einerseits sei er manchmal »sehr knapp und präzise und pointiert«, andererseits manchmal auch »sehr rührend«, eine Wanderung auf dem schmalen Grat zum Kitsch, zu Tränen. Wer Habecks mitunter ausufernde Reden kennt und gleichzeitig die kühl-präzise Prosa von Paluchs Soloromanen zur Kenntnis nimmt, kann sich ungefähr vorstellen, wer von beiden welchen Teil beisteuert.

Drei Romane sind unter dem Gesichtspunkt, was sie möglicherweise über Habeck (oder jemanden wie ihn) preisgeben, besonders interessant: *Der Tag, an dem ich meinen toten Mann traf* ist 2005 erschienen, stammt noch von beiden Autoren und erzählt eine seltsame Geschichte. Die Hauptfiguren heißen Helene und – Robert. Die beiden haben drei Kinder, die Helene nach Roberts Tod allein großzieht. Ihr Mann hat einen Transport von Teilen für Windkraftanlagen ins südliche Mittelmeer begleitet und ist bei einem Sturm über Bord gespült worden – mutmaßlich, denn seine Leiche wird nie gefunden. Helene vermisst ihn enorm: »Unser Leben war so sehr eins, dass nicht nur Robert fehlte, sondern auch mein Leben halbiert war.« Irgendwann ringt sie sich trotzdem dazu durch, mit einem Studienfreund, der schon immer in sie verliebt war, in Hamburg in die Oper zu gehen. Dort begegnet sie dann einem Mann, der aussieht wie Robert, lächelt wie Robert, spricht wie Robert, aber steif und fest behauptet, er sei es nicht. Trotzdem landen der geheimnisvolle Torben und Helene am Ende des Abends gemeinsam im Hotel und setzen sich am nächsten Morgen bei Helene zu Hause an den Frühstückstisch. Für den Leser lässt sich nicht mit letzter Sicherheit klären, ob Torben in Wahrheit der vermisste Robert ist. Vermutlich bilden die beiden Namen aber nicht ganz zufällig fast ein Anagramm.

Neben der Namensgleichheit zwischen Autor und Hauptfigur fallen im Text andere Nähen zum realen Paar Habeck/Paluch auf: »Für unsere Eltern und Freunde bekamen wir viel zu früh Kinder und wurden viel zu schnell sesshaft. Doch mit 26 wollten wir nicht mehr jung sein«, heißt es da. In der Beschreibung einer Situation findet sich die Formulierung: »als wäre ich gerade mit Robert nach Italien getrampt.« Vor diesem Hintergrund fragt man sich dann schon, wie nah an den echten Habeck die folgenden Passagen kommen: »Robert war jemand, der mit seiner Meinung lange hinterm Berg hielt«, heißt es im Roman, »und der vieles nicht aussprach. Nicht aus Rücksicht, sondern aus Bequemlichkeit. Sein Nicken und höfliches Verschweigen waren eine Missachtung seines Gegenübers, dessen Meinung und Haltung ihn im Grunde nicht interessierten.« Wer Robert Habeck erlebt, kann sich durchaus vorstellen, dass er nicht alle, vielleicht nicht einmal die Mehrzahl seiner Gesprächspartner für satisfaktionsfähig hält – ohne dabei aber unhöflich wirken zu wollen.

Ist es Robert oder »Robert«, der im Roman von sich sagt: »Ich wollte mich immer nur wieder dümmer machen können«? Und was bedeutet es für den Mann, den Vater und den Politiker Robert Habeck, dass dem »Robert« im Roman dieses »Dümmermachen« nicht gelungen ist? Nicht unwahrscheinlich, dass das Autorenduo heute sparsamer mit privaten biografischen

Details umgehen würde. Aber auch Paluchs erstes eigenes Buch *Zwischen den Jahren*, erschienen 2012, lässt sich mühelos auf einen Ehemann beziehen, der seit ein paar Jahren erfolgreich in die Landespolitik eingestiegen ist. Zwar handelt es sich bei dem Ehemann in der Geschichte um einen seit Kurzem populären Talkshow-Moderator und nicht um den Vorsitzenden einer grünen Parlamentsfraktion. Aber was ist von Sätzen wie dem folgenden zu halten: »Er ist plötzlich für viele wichtig, nicht nur für mich, und wird wichtig genommen, von mir allerdings etwas weniger, weil ich seine neuen Gesprächspartner in der Regel nicht so schätze, und ja, er arbeitet viel«?

Ist Habeck überhaupt nicht gemeint, deutet ihn die Autorin noch nicht einmal an, wenn sie über ihre männliche Hauptfigur schreibt: »Von Anfang an war er der Selbstdarsteller, als den man ihn kennt«? Oder: »Je mehr er beim Publikum ankam, desto besser wurde er«, oder: »Mein Mann war eitel, eitel in einer Weise, die mich beeindruckte. Ein ganz und gar durchschnittlicher Typ machte das, was er machte, mit einer Inbrunst, die ihn von anderen abhob«, oder: »Er hört zu, um nachher besser reden zu können«? Wie gut muss man ihn kennen, um bei all den Sätzen *nicht* Robert Habeck vor sich zu sehen? Ist nicht auch er, wahrscheinlich sogar öfter, als es ihm lieb ist, gezwungen, »Antworten zu geben, bei denen es egal ist, ob sie stimmen, die aber dadurch, dass sie gegeben werden, Teil der Lösung sind«?

In dem Interview, das ich 2019 mit Andrea Paluch führe, kündigt sie auch ihren nächsten Roman an. Er solle von Frauen handeln, »deren Leben sich drastisch verändert, wenn die Kinder das Haus verlassen oder die Männer zu einer jüngeren Frau wechseln«. Vieles davon habe sie in ihrem eigenen Umfeld erlebt, sagt Paluch. Das seien krasse Geschichten.

Im September 2020 ist *Gipfelgespräch* erschienen. Der Roman beginnt mit dem Satz: »In dem Moment, als die Kinder nicht mehr bei ihr wohnten, war ihr austariertes Leben zu Ende.« So weit, so biografisch, doch kurz darauf wird die Stimme der Erzählerin sagen: »Männer waren ihr immer fremd geblieben.« Und da weiß man eben recht genau, das ist jetzt *nicht* Paluch, die Autorin hat ihre Heldin offenbar absichtlich zu einer Alleinerziehenden gemacht, die nach dem Auszug der Kinder über ihr weiteres Leben nachdenkt. Sie tut das bei einer einsamen Gipfelbesteigung in den Alpen, bei der sie gesellschaftliche Themen reflektiert, wie zum Beispiel die Rolle der Medien: »Reflexhaft wurde vor allem über Politikerpersonen und ihre Fehler berichtet, statt über Politik und die aktuellen Herausforderungen. Dass damit eine Atmosphäre der Unzufriedenheit erschaffen wurde, schien niemanden zu stören. (...) Nun hatten sie eine Stimmung produziert, in der die Demokratie zur Disposition stand.« Da hört man dann doch wieder ein klein wenig den Habeckschen Abendbrottisch heraus. Doch trotz des schlimmen Wirkens der Medien und trotz anderer Fehlentwicklungen der Moderne kommt die Heldin von *Gipfelgespräch* am Ende zu einem versöhnlichen Fazit: Dass man nämlich lernen könne (und solle), den Alltag nicht gering zu schätzen.

Warum hat Paluch die Geschichte so konstruiert? Weil sie die spezifischen Befindlichkeiten einer alleinerziehenden Frau nachempfinden wollte? Aber auch in deren Leben dürfte doch die Frage, ob es einen nächsten Mann geben wird, eine gewisse Rolle spielen. *Gipfelgespräch* klammert Männer aber so ostentativ aus, dass man sich fragt, ob Paluch es diesmal vielleicht einfach vermeiden wollte, dass in ihrem Text wieder nach Habeck-Stellen gesucht werden kann. Das wäre dann freilich ein weiterer Teil des Preises, den sie für die politische Karriere ihres Mannes bezahlt, denn gerade ihre männlichen Figuren sind eigentlich immer besonders facettenreich und glaubwürdig. Männer einfach auszulassen, das wird Paluchs Schreiben noch nicht befreien.

Robert Habeck sieht sich selbst – und viele sehen ihn so – seit Schülersprecherzeiten als Meister des Kompromisses. Aber wahrscheinlich ist Andrea Paluch darin mindestens so geübt wie er.

3. KAPITEL

Eine grüne Karriere

WIE SCHAFFTE ES DER SCHRIFTSTELLER Robert Habeck, der Krimis und Jugendbücher über Wölfe und rebellierende Teenager schrieb, innerhalb eines Jahrzehnts ein vielversprechender Grünen-Politiker mit Aussichten auf die Kanzlerkandidatur seiner Partei zu werden? In seiner Autobiografie gibt er darüber ausführlich Auskunft: *Wer wagt, beginnt* ist das politische Begleitbuch zu Robert Habecks Kampf um den männlichen Teil der Spitzenkandidatur zur Bundestagswahl 2017. Seine Konkurrenten sind der damalige Parteivorsitzende Cem Özdemir und der Vorsitzende der Bundestagsfraktion Anton Hofreiter. Habeck hat es immer wieder geschafft, parallel zu all seinen übrigen Verpflichtungen programmatische Bücher zu schreiben. Das ist offenbar seine Art, sich selbst darüber klar zu werden, welche politischen Ziele er verfolgt und warum. Selbst für jemanden, dem das Schreiben leichtfällt, ist das eine bemerkenswerte Leistung. Da, wo Habeck nicht grundsätzlich wird, sondern aus dem Leben erzählt, ist er ausgesprochen witzig.

Im Jahr 2002 sind er, Paluch und die Kinder in ein Haus in Großenwiehe bei Flensburg gezogen. Habeck hat das Gefühl, dass Familie, Beruf, Haus und Garten ihm als Lebenszweck nicht reichen, dass private Entscheidungen für ökologisch verantwortlichen Konsum und CO2-sparsames Reisen nicht genügen, um die Gesellschaft zu verändern. Oder gar die Welt. Vielleicht fühlt er sich auch unterfordert mit den Rollen, die er nun ja schon ausprobiert hat: Ehemann, Vater, Autor. Jedenfalls beschließt er, bei den Grünen vorbeizuschauen. Diese Wahl passt zu seinem progressiven Lebensgefühl und seinem bürgerlichen familiären Hintergrund: Bei den Sozialdemokraten hätte er vielleicht zu wenig Kulturaffinität und zu viel restproletarisches Genossentum gefunden, um sich wohlzufühlen.

»Erst mal musste ich allerdings rausfinden, wo eine Kreismitgliederversammlung stattfand und wann«, schreibt Habeck: »Das war nicht so leicht, denn sie war nicht in der Zeitung angekündigt, und die Homepage des Kreisverbandes war nicht aktuell. Ich hinterließ eine Nachricht auf einem Anrufbeantworter.«

Immerhin wird Habeck tatsächlich zurückgerufen – keine Selbstverständlichkeit in der ehrenamtlichen Politik. Im Hinterzimmer eines Landgasthofs trifft er auf fünfzehn etwas frustriert wirkende Grüne und wird als »der vom Anrufbeantworter« vorgestellt. Habeck erfährt, dass in einem halben Jahr eine Kommunalwahl bevorsteht, dass jedoch niemand Lust hat, dafür Wahlkampf zu machen. Zudem ist der gesamte Kreisvorstand nicht nur zurück-, sondern sogar aus der grünen Partei ausgetreten – man war empört über die Entscheidung der rot-grünen Regierung Schröder/Fischer, die USA nach den

Terroranschlägen vom 11. September 2001 bei der militärischen Intervention in Afghanistan zu unterstützen. Von den im Flensburger Umland noch vorhandenen Grünen will sich laut Habeck keiner zum Kreisvorsitzenden wählen lassen. Wie das eben ist in kleinen Parteien: Es gibt regelmäßig mehr Funktionen zu besetzen, als es Bewerber gibt.

Habeck reagiert überrascht und enttäuscht auf so viel Phlegma. »Das war also die Partei, die ich immer gewählt hatte und die die Welt retten sollte?«, schreibt er: »Und irgendetwas in der Art muss ich wohl gesagt haben.« Daraufhin habe jemand gerufen: »Mach du es doch!«

Habeck erlaubt sich den Hinweis, dass er ja noch nicht einmal Mitglied der Grünen sei. Da schieben sie ihm einen Mitgliedsantrag über den Tisch und bitten um eine kurze Vorstellung. Gewählt wird der 32-Jährige in offener Abstimmung und, wie Habeck sich erinnert, mit negativer Fragestellung: »Ist jemand nicht der Meinung, dass Robert es machen sollte?« Dieser insgesamt eher trostlose Abend im Landkreis Schleswig-Flensburg steht also am Anfang einer großen und verheißungsvollen politischen Karriere. Ohne den Grünen in Schleswig-Holstein zu nahe treten zu wollen: Habeck ist intellektuell durchaus eine Bereicherung für sie, nicht allzu viele können es mit ihm aufnehmen. Erfolge lassen sich da kaum vermeiden.

Als der Partei 2004, kurz vor Beginn des Landtagswahlkampfes, der Landesvorsitzende abhandenkommt, bewirbt sich Habeck. »Und es wiederholte sich die

Situation der Kreismitgliederversammlung auf größerer Bühne«, schreibt er: »Ich hielt eine Rede und wurde gewählt. Aber was wie eine Bilderbuchkarriere aussieht, war in Wahrheit mindestens zu 50 Prozent der Not und dem Elend der schleswig-holsteinischen Grünen geschuldet.«

Diese Einschätzung mag stimmen. Gleichwohl erinnern sich Parteifreunde, die damals auf der einschlägigen Landesmitgliederversammlung dabei waren, dass Habeck durchaus eifrig daran interessiert gewesen sei, das Amt zu bekommen. Ganz so zufällig, wie er es darstelle, sei es ihm nicht zugefallen, und ganz so lässig sei er eben auch nicht gewesen. »Seine Bewerbungsrede war gut, aber sie ließ durchaus noch Luft nach oben«, sagt eine Vorstandskollegin von damals, die ihn sehr schätzt, ihn aber durchaus anfällig für Selbstüberschätzung findet. Das ist er wohl tatsächlich, aber die Autosuggestion, die er als Schüler beim Theaterspielen gelernt hatte, funktioniert eben auch in der Partei. Das Publikum glaubt ihm seinen Glauben an sich selbst.

Zweimal hat Habeck nun die Erfahrung gemacht, dass er fast mühelos in grüne Spitzenämter gelangen konnte. Entsprechend selbstbewusst kandidiert er 2006 als Beisitzer für den Bundesvorstand der Grünen: »Ich hatte gedacht, ich mache es wie immer, gehe hin, halte eine Rede, der Saal liegt mir zu Füßen, und ich werde gewählt«, schreibt Habeck. Doch er verliert, er hat die gute Vernetzung der Konkurrenz unterschätzt. Mit einem zerknirschten Blick auf sich selbst beschreibt Habeck daraufhin seinen Rückzug nach Schleswig-Holstein:

»Ich bin grandios an meinem Hochmut gescheitert – und zog die Konsequenz, dass ich mich auf mein Land und die Aufgaben dort beschränken wollte.«

Als Reinhard Bütikofer zwei Jahre später, 2008, seinen Parteivorsitz habe aufgeben müssen und plötzlich, trotz der Schlappe von 2006, sein Name für dessen Nachfolge gehandelt worden sei, sei er, Habeck, sich schnell sicher gewesen, dass es dabei bleibe: »dass ich mich auf mein Land und meine Aufgaben konzentrieren sollte.«

Das ist ein klassischer Habeck. Er hat den Ehrgeiz, mit 37 Jahren als relativ unbekannter Landesvorsitzender in den Grünen-Bundesvorstand einzuziehen, aber da das misslingt und sich also nicht als Erfolgsgeschichte verkaufen lässt, macht er aus der Erfahrung einen Akt der Läuterung (»auf mein Land konzentrieren«). Nicht ohne zu erwähnen, dass er, der sich doch gerade noch seines »Hochmuts« geschämt hatte, für die Bütikofer-Nachfolge nur deshalb genannt worden war, weil er ein lustiges, »Deutschland-sucht-den-Superstar«-artiges Online-Ranking der Jungen Grünen gewonnen hatte. Gegen 25 Mitbewerber. Dann ruft der *Spiegel* an und fragt, ob er nicht doch Lust hätte, die Nach-Nach-Nachfolge von Joschka Fischer anzutreten. Habeck antwortet: »Jetzt wird der Anti-Joschka gesucht. Wir brauchen nicht den nächsten Egozentriker.« Womit er das Amt zwar entschieden ablehnt, sich aber gleichzeitig mit dem Super-Grünen Fischer auf eine Stufe stellt – und sei es vorerst auch nur in der Liga der Egozentriker.

Für den Bundesvorsitz der Grünen hätte Habeck 2008 vielleicht auch gar keine Zeit gehabt. Da hatte er sich nämlich gerade als grüner Spitzenkandidat für die Landtagswahl 2009 durchgesetzt und, nachdem er den langjährigen Fraktionsvorsitzenden erfolgreich von seinem Listenplatz verdrängt hatte, auch die Leitung der grünen Landtagsfraktion übernommen.

Habeck hat ein diskretes Vorgehen entwickelt, wenn es gilt, Konkurrenz auszuschalten: Er teilt seinem Gegner rechtzeitig, höflich und bestimmt mit, dass er sich bewerben werde, sodass ihm niemand vorwerfen kann, sich unfair verhalten zu haben. Mit wohlüberlegten Argumenten macht er die meisten Mitbewerber mürbe: Wollen sie etwa schuld sein, dass der dynamische Hoffnungsträger die Partei nicht zum Erfolg führen kann? Wollen sie dem Fortschritt im Weg stehen? Sehen sie nicht selbst, dass er der geeignetere Bewerber ist? Wenn Habeck einen Job unbedingt haben will, gibt man besser auf, es sei denn, man ist mit unerschütterlichem Selbstbewusstsein gesegnet.

2009 wird er Fraktionsvorsitzender im Landtag. »Der Fraktionsvorsitz war mir ungeheuer wichtig, und ich freute mich auf jede Landtagssitzung und auf den Schlagabtausch dort«, schreibt Habeck. Die rhetorische Konkurrenz ist allerdings auch nicht sehr groß. Außer dem FDP-Fraktionsvorsitzenden und Rechtsanwalt Wolfgang Kubicki – später wird er Bundestagsvizepräsident und stellvertretender FDP-Bundesvorsitzender – gibt es eigentlich nur den sozialdemokratischen Oppositionsführer Ralf Stegner, und der wirkt immer so eingeschnappt, dass Habeck im Vergleich mit ihm allein schon durch Freundlichkeit und gute Laune glänzt. Seine Erfahrung des leichten und schnellen Erfolges setzt sich im Kieler Landtag fort. Es regiert zu dieser Zeit eine CDU-FDP-Koalition unter dem populären Ministerpräsidenten Peter Harry Carstensen. Auch dieser, stets genervt von Stegners schneidender Schärfe, schätzt den aufstrebenden Grünen als kompromissfähig und sachorientiert.

Weil die schleswig-holsteinische Landeswahlleiterin 2009 eine fatale rechtliche Fehlentscheidung getroffen hat, ordnet das Verfassungsgericht des Landes vorgezogene Neuwahlen an. Sie finden am 6. Mai 2012 statt. Robert Habeck will, dass die Grünen sich trauen, »die SPD als fortschrittsprägende Kraft abzulösen und die CDU herauszufordern«. Er, sein Freund Konstantin von Notz und einige Mitstreiterinnen wollen die aus ihrer Sicht hoffnungslos altmodischen Traditionsgrünen aufmischen und selbst Zentrum des Geschehens werden: »Das wollten wir sein, und ich bilde mir ein, dass wir das auch waren«, schreibt Habeck in seinen Erinnerungen.

Für Habeck ergibt sich daraus aus der erfolgreichen Neuausrichtung der Partei der Anspruch, die Grünen als Spitzenkandidat in den Landtagswahlkampf zu führen – allein, nicht als Doppelspitze, sondern ohne Partnerin. In Schleswig-Holstein ist es bisher, wie überall bei den Grünen, üblich, dass an der Spitze für die Partei stets eine Frau und ein Mann stehen – in Vorständen wie in Wahlkämpfen. Habecks schleswig-holsteinische

Co-Landesvorsitzende von 2004 bis 2009 ist Marlies Fritzen, die 2009 zusammen mit Habeck in den Landtag einzieht und diesem bis heute angehört. Aber es gibt noch eine andere Frau, die in Kiel seit Jahren den Laden schmeißt: Monika Heinold ist parlamentarische Geschäftsführerin der Grünen im Landtag und war 2009 Habecks Partnerin in der Spitzenkandidatur. Die Grünen holten ein deutlich besseres Ergebnis als 2005 – 12,4 statt 6,2 Prozent –, Habecks Modernisierungsbemühungen haben sich also offenbar schon ein Stück weit ausgezahlt. Diesen Erfolg schreibt sich Habeck aber ganz allein zugute, von Heinold ist, wenn er darüber reflektiert, kaum die Rede.

Und nun also Neuwahlen 2012. Habeck rechnet sich und den Grünen bessere Chancen aus, wenn er allein an der Spitze steht. Naheliegenderweise ist bei einem Vier-Augen-Gespräch, in dem eine solche Frage geklärt wird, niemand sonst dabei. Aber man kann sich vorstellen, dass Habeck nach seiner nun schon bewährten Methode verfährt. Monika Heinold hingegen, eine gänzlich uneitle, zurückhaltende Frau – inzwischen ist sie seit neun Jahren Finanzministerin in Schleswig-Holstein, seit 2018 auch stellvertretende Ministerpräsidentin – ist keine, die Männern Steine in den Weg legt, um sich hinterher die Schuld geben zu lassen. Man kann nur ahnen, wie schwer ihr das gefallen sein muss, aber sie fügt sich und überlässt Habeck die alleinige Spitzenkandidatur.

Heinold ist nicht auf Krawall aus, doch sie ist weder dumm noch weich. Die Tatsache, dass die gelernte

Erzieherin in der neuen SPD-Grüne-SSW-Regierung umstandslos Finanzministerin wird, deutet darauf hin, dass sie hart verhandelt hat. Habeck wird zwar stellvertretender Ministerpräsident, aber er wird mit dem vergleichsweise leichtgewichtigen Ressort Umwelt und Landwirtschaft abgefunden.

Der Anlauf zur Landtagswahl 2012, das sind zunächst pure Habeck-Festspiele. »Als meine Partei mich im November 2011 zum Spitzenkandidaten gewählt hatte, lagen wir in den Umfragen bei 19 Prozent«, schreibt Habeck stolz, und dass es angesichts seiner »starken öffentlichen Wahrnehmung als Fraktionsvorsitzender« ja auch für jede Frau »undankbar« gewesen wäre, neben ihm als Doppelspitze zu agieren.

»Der Parteitag war ein einziger Sturmlauf«, schreibt er: »Wir waren bereit, das Land zu erobern. Der Landesvorstand zog mir ein Handballtrikot über mit Aufdruck ›Nordisch by Nature‹, man setzte mir eine Pappkrone auf den Kopf und überreichte mir einen Bio-Apfel plus Porreestange als Zepter. Die Fotos zeigen mich übermütig und angriffslustig.«

Die Landtagswahl 2012 geht, trotz allen Übermutes und aller Angriffslust, nicht so gut aus wie erhofft. Statt 19 oder gar 20 Prozent holen die Grünen nur 13,2 Prozent, ein Miniplus gegenüber der Wahl 2009. Das ist zwar kein schlechtes Ergebnis, bleibt allerdings hinter Habecks Anspruch und den Erwartungen, die er geweckt hatte, deutlich zurück.

Diesmal reicht es aber dafür, über eine Regierungsbeteiligung verhandeln zu können. Er und die Grünen entscheiden sich für ein Bündnis mit der zweitplatzierten SPD und der dänischen Minderheitspartei SSW (eine Koalition, die 2005 schon einmal zusammenfinden wollte, aber an einem unbekannten Überläufer scheiterte, der Ministerpräsidentin Heide Simonis im Landtag viermal die entscheidende Stimme zur Wiederwahl verweigerte). Eine Jamaika-Koalition mit dem Wahlsieger CDU und der FDP oder eine Ampel-Koalition wären 2012 nun ebenfalls möglich gewesen. Aber so bürgerlich und »mittig« ist der grüne Landesverband denn doch noch nicht, Rot-Grün hat Vorfahrt.

Monika Heinold wird, da hält sich Habeck offenbar, wie erwähnt, an vorher Vereinbartes, Finanzministerin in der Regierung Albig, Habeck wird stellvertretender Ministerpräsident mit der Zuständigkeit für das alte grüne Kernthema, den »Naturschutz«, als Landwirtschafts- und Umweltminister. Die Arbeit in seinem Zuständigkeitsbereich erledigt er, so berichten Mitarbeiter, fleißig, gründlich, vernünftig und überzeugend. Aber selbst wenn die Landwirtschafts-, Umwelt- und Energiepolitik in einem Land wie Schleswig-Holstein viele Facetten hat, in die sich ein Fachfremder, wie Habeck es zunächst ist, erst einmal systematisch einarbeiten muss, ist sie doch kein abendfüllendes Programm, jedenfalls nicht für jemanden, der sich wie Habeck mindestens auch für die größeren Fragen, für gesellschaftlichen Zusammenhalt, für demokratische Fliehkräfte und spätkapitalistische Bewusstseinsformen interessiert.

Nach drei Jahren im Amt, 2015, verkündet Habeck,

dass er sich für die Spitzenkandidatur seiner Partei zur Bundestagswahl 2017 bewerben werde. Er selbst deutet diese Entscheidung als eine Art Pflicht. Die Grünen haben, so sehen es neben Habeck viele, mit einer falschen Strategie die Bundestagswahl 2013 verloren. Sie waren von 10,7 Prozent (2009) auf 8,4 Prozent geschrumpft.

Das will er aber natürlich nicht nur kritisieren, sondern, stets konstruktiv und fair, anbieten, es besser zu machen. Es gibt, wie eigentlich immer bei Habeck, keinen Grund, an der Aufrichtigkeit seiner Motivation zu zweifeln. Aber selten fällt man ja Entscheidungen aus einem einzigen hehren Grund. Ein zusätzlicher Faktor mag das gewesen sein, was Habecks Theaterlehrer schon für seine letzten Schuljahre beschrieben hatte: eine Rastlosigkeit, eine Aufbruchsstimmung, die Habeck ergriff, als er alle für ihn wichtigen Fragen geklärt zu haben und mit dem Gymnasium gleichsam fertig zu sein schien. Man darf davon ausgehen, dass Habeck nach drei Jahren begriffen hatte, wie »Landesregierung« funktioniert, und dass es viel aufregender wohl nicht werden würde.

Zudem konnte ein aufmerksamer Beobachter von Konkurrenz, politischer Führungsfähigkeit und Fortune 2015 zu ahnen beginnen, dass das SPD-Führungsduo Torsten Albig/Ralf Stegner in Schleswig-Holstein Probleme mit der Wiederwahl bekommen könnte. Insbesondere der Ministerpräsident legte ein zunehmend selbstherrliches Auftreten an den Tag, das ihm sogar in der eigenen Partei schadete – in der breiten Öffentlichkeit ohnehin. Und Stegner war sowieso noch nie ein Sympathieträger gewesen. Robert Habeck musste also damit rechnen, dass eine Fortsetzung der sogenannten »Küstenkoalition« aus SPD, Grünen und SSW 2017 an der Schwäche der Sozialdemokraten scheitern könnte. Wenn sich die Dinge aber ohnehin 2017 ändern würden, warum dann nicht als beliebter Landesminister auf das größere und interessantere Spielfeld der Bundespolitik wechseln?

Habeck schildert diese Entscheidung als Schritt in einer halb zufälligen, durch glückliche Umstände begünstigten Politikerkarriere. »Es mag Politiker geben«, schreibt er in *Wer wagt, beginnt,* »die ihre Karriere bis zum Letzten strategisch durchplanen, die immer kontrolliert sind, jede Rede einüben und keine Gesten machen, deren mediale Auswirkungen nicht bis zum Letzten durchdacht sind. Ich bin das nicht. Und die Erklärung, Spitzenkandidat werden zu wollen, war genauso, wie sie aussah: Zu früh, zu unvorbereitet, zu untaktisch. Und vielleicht macht sie gerade das aus.« Habeck verwendet hier das Präsens, weil seine Bewerbung zum Zeitpunkt, da er schreibt, noch läuft. Und vielleicht ist die Tatsache, dass er zwei Sätze hintereinander mit »und« beginnt, nur das, wonach es aussieht: Ein Redigierfehler. Vielleicht unterstreicht die verschriftliche Sprech-Sprache aber auch gerade das Unvorbereitete, Untaktische an seiner Formulierung.

Habeck hatte sich allerdings einige Gedanken gemacht, warum seine Parteifreunde die Bundestagswahl 2013, der eigentlich erfreuliche Umfragen vorausgegangen waren, versemmelt hatten: »Das hatte auch und vielleicht überwiegend mit eigenen Fehlern der Partei zu tun«, schreibt er im beliebten Politikerstil der eleganten Selbstkritik an anderen: »mit falschen Steuerplänen, einem moralischen Rigorismus, der irgendwie freudlos war, einer schändlichen und gesetzeswidrigen Vergangenheit einiger Mitglieder, die Sex mit Kindern für einen Akt der Freiheit gehalten hatten, und einer Partei, die das vor Jahrzehnten nicht zur Anzeige gebracht hatte.« Ein schonender Umgang mit Parteikollegen sieht anders aus.

Vor dem Hintergrund dieser Kritik bringt er sich als neuer Mann für höhere Ämter in Stellung. Er beschreibt seinen tapferen, ehrlichen Auftritt auf dem sogenannten »kleinen Parteitag« der Grünen in Berlin, der das unbefriedigende Wahlergebnis diskutierte. »Jürgen Trittin und Claudia Roth saßen in der ersten Reihe«, schreibt Habeck: »Ich sprach sie direkt an und sagte: Danke, für die Jahre, die ihr uns geführt habt. Ihr habt Jahre eures Lebens gegeben, eure Familien wenig gesehen – und dann wacht man auf, und alles war falsch. Ich sagte das, weil es zuvor niemand gesagt hatte und es jemand aussprechen musste, diese Undankbarkeit in der Politik.«

Man kann sich an dieser Stelle durchaus fragen, wie dankbar Trittin und Roth in diesem Augenblick dafür waren, dass Habeck gerade ihre gesamte Politik für »falsch« erklärt hatte. Vielleicht tröstete es sie ja, dass er auch gegen sich selbst unerbittlich zu sein schien: »Ich weiß noch, wie belegt meine Stimme war«, erzählt

Habeck weiter. »Und die Härte meiner Worte hallt noch heute nach. Seit dem Parteitag bin ich mit dem Gefühl herumgelaufen, dass man so etwas nicht aussprechen darf, ohne selbst Verantwortung zu übernehmen – mit dem Risiko, dass mir später Menschen sagen, es war falsch.«

Für die schleswig-holsteinischen Grünen bringen die Bundes-Ambitionen ihres Spitzenmannes Unwägbarkeiten mit sich. Auch im Land steht schließlich 2017 eine Wahl an. Wenn Habeck tatsächlich Ernst machen will mit der Spitzenkandidatur, dann muss er jedoch auf Platz eins oder zwei der Landesliste für den Bundestag kandidieren, was die sorgfältig austarierte Arithmetik der Liste aus dem Gleichgewicht bringen und vor allem den Männerplatz seines Freundes Konstantin von Notz (Bundestagsabgeordneter seit 2009) gefährden würde. »Es war nicht so, dass ich nie an mir und meiner Entscheidung, zur Urwahl anzutreten, gezweifelt hätte«, schreibt Habeck. »Viele Fragen waren ungelöst. (...) Viele Leute, darunter enge Freunde, provozierte ich damit und brachte ihren Ehrgeiz und ihre Lebensplanung durcheinander. Einige hatten mich inzwischen gebeten, nicht zur Urwahl anzutreten. Oft genug lag ich nachts wach und dachte alles wieder und wieder durch.«

Doch es gelingt Habeck, seine Zweifel beiseite zu schieben für das, was in seinen Augen wirklich zählt: »Es würde nicht schlimmer sein, zu verlieren, sondern nur, es nicht probiert zu haben, für das einzutreten, was mir jetzt wichtig ist.«

Robert Habeck hat nicht unbedingt Skrupel, seine Interessen gegenüber anderen durchzusetzen. Aber er ist natürlich auch klug und hat selbstverständlich ein Gewissen. Im Mai 2016, die schleswig-holsteinischen Grünen haben gerade seine Bewerbung für die bundesweite Spitzenkandidatur auf einem Parteitag unterstützt, gibt er den *Kieler Nachrichten* zusammen mit seiner Frau Andrea Paluch ein Doppelinterview. »Für die Grünen heißt es, dass es jetzt nur noch nach vorne geht«, sagt Habeck. »Ich gewinne die Urwahl. Und mit dem Rückenwind der gewonnenen Urwahl holen Konstantin von Notz und ich so viele Stimmen, dass es locker für vier Mandate in Schleswig-Holstein reicht. Schluss mit grünem Kleinmut.« Wenn man genau hinschaut, ist nicht »grüner Kleinmut« das Problem, sondern die Tatsache, dass Konstantin von Notz auf Listenplatz zwei (hinter der obligatorischen Frau an der Spitze) sicher in den Bundestag einziehen würde. Damit auch Listenplatz vier zieht, auf den Habeck ihn verdrängen will, müssten die Grünen sich bei der Bundestagswahl drastisch verbessern. Ob das klappt, kann niemand wissen.

4. KAPITEL

Erster Anlauf zur Spitzenkandidatur

ES GIBT EIN ZIEMLICH SENSATIONELLES, in seiner Art einzigartiges Dokument über die anderthalb Jahre, in denen Robert Habeck mit allem, was er hat, für sich als Spitzenkandidaten der Grünen in Deutschland wirbt: mit seinem Amt und seiner Beliebtheit als Landesminister, mit bundesweiten Auftritten und mit seinem Buch *Wer wagt, beginnt*. Man kann das übrigens auch schon als Bewerbung um eine Kanzlerkandidatur, von der damals allerdings noch niemand redete, verstehen. Habecks Bild der Grünen als Mitbewerber der Union anstelle einer immer schwächer werdenden SPD sollte nicht nur in Schleswig-Holstein mobilisieren. Am anderen Ende der Republik, in Baden-Württemberg, hatten die Grünen mit Ministerpräsident Winfried Kretschmann erst die SPD und dann die CDU schon hinter sich gelassen.

Zu dieser Zeit wollte der Regisseur Malte Blockhaus ursprünglich einen kurzen Dokumentarfilm über die Arbeit eines Landesministers drehen. Robert Habeck als damaliger Umweltminister in Schleswig-Holstein hatte sich bereit erklärt, Blockhaus' Protagonist zu sein.

Bedingung: Blockhaus musste eine Verschwiegenheitserklärung über alle vertraulichen Angelegenheiten des Ministeriums unterzeichnen.

Mitten in die für wenige Monate geplanten Dreharbeiten platzte Habecks Entschluss, sich gegen Cem Özdemir und Anton Hofreiter um die grüne Spitzenkandidatur zu bewerben. Trotz seines schmalen Budgets verlängerte Blockhaus die Aufnahmen und begleitete Habeck nun auch bei seiner parteiinternen Wahlkampagne. Es entstand ein unglaublich naher, hellsichtiger Film über den Menschen und den Politiker Robert Habeck – ein Film auch darüber, wie Politik funktioniert und woraus sie besteht.

Das deutet sich schon an, wenn man seinen blitzartigen Aufstieg beschreibt. Einerseits freuen sich viele Beobachter – freue auch ich mich – über einen Politiker, der sich um eine authentische, möglichst floskelfreie Sprache bemüht; der mit viel persönlichem Einsatz Begeisterung und frischen Wind in das oft so verdrossen machende Politikgeschäft bringt. Und doch sind die Zugeständnisse, die er machen muss, um wirklich etwas zu erreichen, ist vor allem die strenge Kontrolle des eigenen Bildes in den Medien auch ein Problem; das Neue nutzt sich ab, Authentizität und Ehrlichkeit drohen in selbstdarstellerische Überheblichkeit zu kippen.

Als »Following Habeck« im August 2018 bundesweit in die Programmkinos kommt, hat Robert Habeck die Wahl zum Spitzenkandidaten gegen Cem Özdemir verloren. Er hat 2017 in Kiel mit Daniel Günther eine

Jamaika-Koalition aus CDU, Grünen und FDP gebildet und ist seit Januar 2018 gemeinsam mit Annalena Baerbock Bundesvorsitzender der Grünen.

Das Sputnik-Kino in Berlin-Kreuzberg hat seine Säle im fünften Stock eines Altbaus, gleich unter dem Dach. Dort hinauf kraxeln mein Mann und ich, um »Following Habeck« zu sehen. Das Kino bringt Arthouse-Filme, seine Zielgruppe ist eindeutig alternativ-intellektuell. Wenn man irgendwo grüne Sympathisanten erreicht, dann hier. Gleichwohl sind außer dem Filmvorführer und einem weiteren Pärchen keine anderen Zuschauer anwesend. Bei lauwarmem Weißwein und Kartoffelchips überlege ich, ob diese Besucherzahl repräsentativ ist. Wenn, dann wäre das schreiend ungerecht, denn der Film ist eines der besten, unverstelltesten Politikerporträts, die ich in meinem 20-jährigen Berufsleben als politische Journalistin gesehen habe. Malte Blockhaus verfolgt keine eigene Agenda, er tut das, was Journalisten so gern von sich behaupten und so selten hinbekommen: hört einfach zu, beobachtet, lässt Habeck reden und machen.

Die Grünen haben für diesen Film kaum getrommelt. Genau genommen, haben sie gar nicht getrommelt. Wenn ich Habecks Berliner Mitarbeiter darauf anspreche – er ist ja erst vor ein paar Monaten in das Parteihaus am Platz vor dem Neuen Tor eingezogen –, dann erhalte ich meist ausweichende Antworten.

Das kann zwei Gründe haben. Zum einen wollen Habecks eigene Leute – und es ist seine Pressesprecherin aus Schleswig-Holstein, die jetzt in Berlin für Habeck und Baerbock spricht – auf jeden Fall den Anschein von Personenkult oder unfairer Vorteilnahme zu Ungunsten der Co-Vorsitzenden Baerbock vermeiden. Vielleicht wird Habeck ihnen in dem Film aber auch einfach zu kenntlich, vielleicht hat Malte Blockhaus ihn allzu gut verstanden. Leider ist der Film im Internet aus Lizenzgründen heute nicht mehr abrufbar. Fernsehsender wollten ihn bisher nicht ausstrahlen.

In der Einstiegssequenz sehen wir Robert Habeck herumschimpfen, es ist Januar 2017, kurz vor der Urwahl. »Das Jahr hat beschissen angefangen«, ruft er, »und je mehr die Grünen Urwahl machen, umso tiefer gehen unsere Prozente!« Gleichwohl können wir im Folgenden beobachten, wie Habeck leidenschaftlich »Urwahl macht«: Wie er demonstrativ *nicht* verzweifelt, auch wenn ein Taxifahrer irgendwo in Deutschland im Kreis fährt, statt ihn pünktlich zur Grünen-Mitgliederversammlung zu bringen. Wie er morgens im Hotel halb wach am Handy irgendwelchen Rundfunksendern irgendwelche Interviews gibt. Wie er zwischendurch bei Ministerterminen in Schleswig-Holstein die Contenance zu wahren versucht, auch wenn beim Bürgermeistertreffen in Tangstedt nicht nur alle anwesenden, sondern auch alle nicht-anwesenden Honoratioren ausführlich begrüßt oder entschuldigt werden. Wie er in seinem Amtszimmer ein Interview gibt, bei dem ihm erst langsam dämmert, dass die Interviewerin keine Journalistin ist, auch keine Doktorandin, sondern eine Schülerin, die sich auf das Abitur vorbereitet und ihn zum Thema »Machiavelli« befragen will. Sein Blick verheißt Ungutes für den zuständigen Terminreferenten, aber zu dem Mädchen an seinem Besprechungstisch ist er ausgesucht höflich. Das ist unbestreitbar eine von Habecks Stärken. Er bemüht sich um jeden einzelnen Menschen. Jedenfalls wenn er will.

Eine der letzten Einstellungen des Films zeigt Habeck am Pariser Platz in Berlin, vor dem Brandenburger Tor. Er hat gegen Özdemir verloren, so knapp, dass es kaum zum Aushalten ist. Nur 75 Stimmen trennen die beiden. Aber Mehrheit ist Mehrheit, oder eben nicht. »Scheiße«, sagt Habeck in die Kamera, und er lächelt dabei, schließlich ist er weder ein schlechter Verlierer noch ein Lappen: »Jetzt ist es so, und jetzt geht's weiter.« Und, nach einigem Zögern: »Irgendwas wird mit mir passieren. Wir werden sehen.«

Nahe Weggefährten berichten, dass Habeck bitter enttäuscht gewesen sei von seiner Niederlage. Die Bilder in Blockhaus' Film geben das her. Habeck selbst bewertet das im Rückblick verständlicherweise anders, und das tun bis heute auch seine Mitarbeiter. Für einen Außenseiter-Kandidaten aus der schleswig-holsteinischen Provinz sei das doch ein geradezu sensationeller Erfolg gewesen. Das stimmt ja auch. Aber jede Abstimmung über eine Person hat das Potenzial zu verletzen. Und es ist kein angenehmes Gefühl, wenn der Stress, die Anspannung, der überhöhte Adrenalinspiegel und die Mühe unzähliger Auftritte, Bewerbungsreden und Veranstaltungen nicht in einer Siegesfeier münden, sondern im Rückweg zum Zug nach Hause.

Aus heutiger Perspektive betrachtet, war Habecks Niederlage bei der Bewerbung um die Spitzenkandidatur fast ein Glücksfall für ihn: Er *war* ja ein guter Verlierer gewesen, er hatte sich in der Partei bekannt machen können. Und nicht er, sondern Cem Özdemir verschwand in der Versenkung, als die Jamaika-Koalitionsverhandlungen auf Bundesebene scheiterten. Habeck hingegen war bestens positioniert, um neuer Parteichef zu werden. Mit der *taz* hatte er ein Interview verabredet, in dem er an einem Montag im Dezember 2017 seine Kandidatur bekannt geben wollte, berichtet Ulrich Schulte, der Leiter des Parlamentsbüros der *tageszeitung*, in seinem Buch *Die grüne Macht. Wie die Ökopartei das Land verändern will.* Doch aus der zielgruppengenauen Verkündung wird nichts, weil Annalena Baerbock am Samstag zuvor gegenüber *dpa* erklärt, dass sie ebenfalls kandidieren werde. Habeck selbst war davon ausgegangen, dass er als Vertreter des Realo-Flügels mit einer linken Grünen antreten würde – wobei dann von Anfang an klar gewesen wäre, wer im Rampenlicht gestanden hätte.

Es ist das erste Mal, dass Annalena Baerbock, ebenfalls Angehörige der Realos und bis dahin eine weitgehend unbekannte Bundestagsabgeordnete, Habeck die Schau stiehlt. Im Rückblick hätte er diesen Moment und auch Baerbocks Erklärung auf dem Parteitag im Januar 2018, zu wählen sei mehr als die »Frau an Roberts Seite«, vielleicht als Warnsignal betrachten sollen. Aber zunächst stellt die Realo-Doppelspitze eine Chance für beide Vorsitzenden dar: Sie können eine ganz neue grüne Harmonieerzählung formulieren, die traditionellen Flügelkämpfe der Partei für überwunden erklären und sich als Vertreter der gesamten Partei profilieren.

2017 war diese Erfolgsgeschichte aber noch nicht abzusehen. Malte Blockhaus erinnert sich, dass Robert Habeck, nachdem die letzte Szene am Tag der Niederlage gefilmt war, fragte, ob er mit in die Kneipe komme. Aber Blockhaus sagte Nein.

Im Sommer 2019 sitzen er und ich in einer Berliner Kneipe, dem »Schwarzen Café« in der Nähe des Savignyplatzes. Warum hat er damals Habeck nicht auf ein Bier begleitet? Kommt man einem Protagonisten, den man über anderthalb Jahre intensiv begleitet hat, nicht unweigerlich so nahe, dass man ihm in der Stunde seines Kummers eine Freundlichkeit erweisen will?

Malte Blockhaus, der tatsächlich ein überaus freundlicher und aufmerksamer Zeitgenosse ist, denkt darüber nach. »Das war eine frühe Entscheidung, die Habeck getroffen hat«, sagt er dann. »Privates war tabu.« Darauf habe er sich von Anfang an eingestellt. »Es gab während des Filmens schon Momente, wo er etwas mehr Nähe hätte zulassen können, das aber nicht getan hat. Das war für mich auch in Ordnung. Aber dann, ganz am Ende, am Pariser Platz, da hätte es sich für mich falsch angefühlt, so zu tun, als hätten wir ein privates Verhältnis gehabt. Außerdem war er mit seinem üblichen Tross unterwegs. Ich war die ganze Zeit über immer etwas außen vor. Das war okay, und das wollte ich auch in diesem Moment so beibehalten.« Nach seiner Wahrnehmung falle es Habeck schwer, sich ernsthaft auf Leute einzulassen, die er intellektuell nicht für ebenbürtig halte oder von denen er nichts wolle. Blockhaus erinnert sich an eine mehrstündige Autofahrt, in der sich kein Gespräch entwickelt habe, das über Politik oder Small Talk hinausging. »Am Ende haben wir dann doch noch ein Thema gefunden – die gemeinsame Leidenschaft fürs Wellenreiten in Portugal.«

Habeck sei eine Art Distanz-Charismatiker, sagt Blockhaus: »Und man kann bei ihm kaum unterscheiden, ob er spontan reagiert oder kalkuliert.« Einmal habe er Habeck als Umweltminister zu einem konfliktgeladenen Treffen mit Krabbenfischern begleitet, erzählt Blockhaus: »Das fing erst nett an, aber dann wurde es richtig laut.« Das sei ein echter Aha-Moment für die Anwesenden gewesen: »Die haben gedacht: Oha, okay, jetzt aufpassen!« Habeck habe sich hinterher für seinen Ton entschuldigt, und das sei gut angekommen. »Nach meinem Proseminar-Wissen wird Charisma unter anderem als eine Abweichung von der Norm definiert, die dann subjektiv mehr oder weniger positiv wahrgenommen wird«, sagt Blockhaus: »Und da war sein Verhalten sehr exemplarisch. Politiker werden in der Regel nicht laut, und Politiker entschuldigen sich in der Regel nicht. Er tat beides, und ich glaube, er tat es überwiegend bewusst.«

Wie fand es Robert Habeck, ständig von einem Filmteam begleitet zu werden? »Am Anfang hat ihm das sicher auch geschmeichelt«, sagt Blockhaus, »aber es war ihm zugleich etwas unangenehm gegenüber seinen Kabinettskollegen.«

5. KAPITEL

Regierungserfahrung in Schleswig-Holstein

DER PROTOKOLLCHEF des früheren Ministerpräsidenten Björn Engholm (SPD) hat einmal gesagt, dass es in der schleswig-holsteinischen Politik nichts gebe, was wirklich wichtig sei. Danach ging er zur Nato nach Brüssel. Auch wenn die politischen Akteure im Lande es ganz anders sehen: Ein bisschen hatte der weltläufige Diplomat schon recht. Deshalb ist dieses Kapitel auch kurz und kann von ungeduldigen Lesern gern übersprungen werden.

Als Minister liebt Habeck den Auftritt als Amtsträger. Ich beobachte ihn bei einem Abendessen im »Kieler Kaufmann«, es ist Frühjahr 2013. Den »Kaufmann« gibt es seit 1947. Das Hotel liegt im grünen Villenviertel Düsternbrook. Vor ein paar Jahren wurde es aufwendig renoviert, ein Anbau mit modernen Zimmern kam hinzu, ein Sternekoch übernahm das Küchenregime – für eine Stadt, die in Sachen Beherbergung und Gastronomie sonst relativ ehrgeizlos ist, waren das gewaltige Schritte.

Zuvor war das Haus, das dem Verein der Kieler Kaufmannschaft gehört, jahrzehntelang ungeheuer gediegen gewesen, unfreundliche Zeitgenossen würden vielleicht sagen: ein wenig plüschig. Wer in der Landeshauptstadt etwas auf sich hielt, feierte in diesem Ambiente seine Hochzeiten, Konfirmationen und 70. Geburtstage. Der Abend mit Habeck fällt noch in die unrenovierte Ära.

Er hält die Tischrede bei einem gesetzten Abendessen auf Einladung der Kieler Kaufmannschaft, an dem naturgemäß viele ältere Herren mit Schlips und Kragen teilnehmen, die von grüner Politik traditionell nur begrenzt begeistert sind. Habeck trägt, wie er es bis heute hält, keine Krawatte, und er spricht, wie er es bis heute tut, frei, ohne Manuskript. Seine Mitarbeiter sind stolz darauf, dass er das kann. Und in der Tat wirkt eine frei gehaltene Rede oft souveräner und vor allem zugewandter als eine abgelesene, schon weil man das Publikum dabei anschauen kann. Habeck steht und schaut und spricht. Es ist faszinierend zu beobachten, wie die Kieler Honoratioren, die sich mit manchem Vorbehalt an die runden, liebevoll eingedeckten Tische gesetzt hatten, dahinschmelzen, als Habeck von seiner Vision einer tiergerechten Landwirtschaft erzählt, von einer Versöhnung von Ökologie und Ökonomie, von Kompromiss statt Konfrontation. Dass er als frischgebackener Vegetarier die Herkunft der zu diesem Anlass gereichten Stücke Rinderfilet (ich glaube, der Fachbegriff lautet »Tournedos«) nicht thematisiert, trägt sicher zur ungetrübt guten Stimmung bei.

Früher bei der *ZEIT* hatten meine Kollegen gern über

die grün wählenden Zahnarztgattinnen aus Eppendorf und Blankenese gespottet. In dieser bürgerlichen Kieler Herrenklub-Atmosphäre wird deutlich, dass durchaus auch Gewohnheits-Konservative ansprechbar sind, jedenfalls von einem Charismatiker wie Habeck. Sie haben nach diesem Abend sicher nicht alle angefangen, grün zu wählen, aber womöglich haben sie es zum ersten Mal in Betracht gezogen, die Grünen nicht ausschließlich als Gefahr für ihre Lebens- und Geschäftsmodelle zu betrachten.

Immer wieder habe ich in den folgenden Jahren beobachtet, wie Habeck Gruppen, die ihn eigentlich explizit nicht mögen wollen, für sich gewinnt. Er hat eine Ausstrahlung, der man sich nur schwer entziehen kann. Während beispielsweise Gregor Gysi von der Linkspartei, der ebenfalls ein durchaus mitreißender Redner ist, oft so wirkt, als knipse er sich extra für die Bühne an (und hinterher wieder aus), unterstellt man Habeck, er sei wirklich immer genau so wach, so intensiv, so am Gegenüber interessiert, wie er in seinen Veranstaltungen wirkt.

Einen Nachteil hat Habecks freies Reden aber doch: Ohne Manuskript mit fester Schlusspointe fällt es ihm schwer, zum Ende zu kommen. Er spricht praktisch immer zu lang. Im Kieler Kaufmann, wo gut geheizt ist und der Wein regelmäßig nachgeschenkt wird, fallen einigen älteren Zuhörern nach 60 Minuten langsam die Augen zu. Aber unter dem Strich hat Robert Habeck an diesem Abend viel gewonnen – und sei es nur dadurch, dass er gezeigt hat, dass auch Grüne mit Messer und

Gabel essen können und gar nicht ganz so gefährlich sind, wie man in manchen bürgerlich-konservativen Kreisen glaubt.

Wie macht sich der Minister, wenn er gerade nicht auftritt? Ich habe mit Abteilungsleitern aus seinem ehemaligen Ministerium gesprochen, mit Vertretern von Stromaufsicht, Energieversorgern und Netzwerkbetreibern, einem ehemaligen Landrat, höchst aktiven Muschelfischern und mehr als lebhaften Bauernrepräsentanten. Praktisch ohne Ausnahme waren seine Mitarbeiter, aber auch seine Verhandlungspartner sehr angetan davon, wie durchgängig erreichbar der Minister praktisch zu jeder Tages- und Nachtzeit gewesen sei, wie höflich und freundlich – und wie fähig, berechtigte Kritik zu akzeptieren. Praktisch alle waren der Meinung, dass er mit den Themen in seinem Zuständigkeitsbereich entweder in großer Tiefe oder doch zumindest hinreichend vertraut gewesen sei.

»Er macht mehr oder weniger den Eindruck, 24/7 zu arbeiten«, sagt der ehemalige Deutschlandchef eines Betreibers von Stromnetzwerken: »Als es einmal eine kleine Krise gab, war ich im Skiurlaub. Wir haben miteinander telefoniert und stellten am Ende des Gesprächs fest, dass wir beide gerade eine Stunde lang in Unterhosen über den Netzausbau geredet hatten.« Das sind Anekdoten nach Habecks Herzen. Trotzdem, so viel Sympathie, wie ihm aus Schleswig-Holstein hinterherschallt, kann niemand bestellen. Habeck wird geschätzt, weil er sich nicht wegduckt; weil er bestmöglich vorbereitet in Konflikte hineingeht, egal, ob der Bau einer

Stromtrasse, die Suche nach Deponieplatz für den Schutt rückgebauter Atomkraftwerke oder die Aufnahme eines Castor-Behälters zur Debatte stehen.

Bürgerversammlungen machen ihm ebenso wenig Angst wie grüne Parteitage – obwohl es für ihn 2013, gleich nach der Übernahme des Amts als Umwelt- und Landwirtschaftsminister, ungewohnt ist, sich gegenüber der Basis für reales Regierungshandeln rechtfertigen zu müssen. Schließlich ist er doch der zertifizierte Hoffnungsträger seiner Partei. Das Gefühl »not in my backyard« – unangenehme Entscheidungen bitte nur so, dass sie mich nicht betreffen! – lässt er niemandem durchgehen. Und meist gelingt es ihm, selbst ein feindseliges Publikum davon zu überzeugen, dass an einer tragfähigen Lösung alle Beteiligten mitarbeiten müssen.

Habeck wird für seine schnelle Auffassungsgabe gelobt; dafür, wie gut er zuhört – da fällt uns allerdings auch die Romanfigur von Andrea Paluch ein, die vor allem gut zuhört, um hinterher gut reden zu können. Habecks Lieblingsplatz, sagen Beobachter aus seiner Ministerzeit, seien eigentlich die Tische mit Landkarten oder Modellen gewesen, an denen er gemeinsam mit Bürgern Trassen verändert oder alternative Planungen ausprobiert habe. Bei Menschen, die Politik überwiegend als hermetisch und wenig diskussionsfähig erleben, hinterlässt das einen bleibenden Eindruck, ganz egal, ob sich alle Alternativüberlegungen später tatsächlich umsetzen lassen oder nicht.

Als man sich zum Abschied aus dem Ministerium

versammelt hatte, so wird es berichtet, seien wenige Augen trocken geblieben.

Die schleswig-holsteinischen Bauern, die in ihrer Mehrheit nicht zu den Linksökologen gehören und einem grünen Landwirtschafts- und Umweltminister bestenfalls mit Fatalismus entgegenblickten, sind dermaßen begeistert von seiner Bodenständigkeit, seiner Direktheit und Zuverlässigkeit, dass man von manchen sogar den folgenden Satz hört: »Donnerwetter, der ist ja bloß in der falschen Partei!« Eine Einschätzung, die in gewisser Weise Habecks Mission andeutet. Nicht nur in Schleswig-Holstein hat er alle ideologischen Hindernisse aus dem Weg geräumt, die einer Koalition der Grünen mit der CDU im Wege stehen.

Zu seinen größten Erfolgen als Landespolitiker gehört vermutlich der sogenannte »Muschelfrieden«. Der Konflikt, den es da zu befrieden galt, schwelte buchstäblich seit Jahrzehnten, was ausnahmsweise einmal nicht die Schuld der Grünen war: Schon seit Mitte der Achtzigerjahre, noch unter einer CDU-Landesregierung, war an der schleswig-holsteinischen Nordseeküste der »Nationalpark Wattenmeer« eingerichtet worden. Seitdem wogte der Streit zwischen Muschel- und Krabbenfischern auf der einen und Naturschützern auf der anderen Seite: Die einen wollten ihren traditionsreichen Broterwerb verteidigen, die anderen am liebsten jede wirtschaftliche Nutzung des Wattenmeers komplett verbieten.

Die Muschelfischer fühlten sich immer stärker bedrängt und eingeengt: Eine Lkw-Ladung Muscheln wurde ihnen täglich von Eiderenten weggefressen, die sie aus Naturschutzgründen nicht mehr abschießen durften. Sie sahen die hergebrachten »vier friesischen Freiheiten« in Gefahr: See, Jagd, Fisch und Strandgang.

Peter Ewaldsen ist eine Art König der Muschelfischer. Ich treffe ihn zum Krabbenrührei in einer Kneipe am Husumer Hafen. Ewaldsen war selbst in der CDU aktiv, ist den eigenen Parteifreunden wegen der Nationalparksache aber schlimmer gram – vom Ende her betrachtet – als Sozialdemokraten und Grünen. Zwar kam Robert Habeck ihm wohl auch erst einmal dumm, doch dann warf der neue Minister sich in die Vermittlung zwischen der Nationalparkverwaltung und den Fischern – mit einer Verve, die Peter Ewaldsen bis heute Respekt abnötigt. Um buchstäblich fünf vor zwölf, also kurz vor dem ergebnislosen Abbruch der Verhandlungen, formulierten Ewaldsen und Habeck ein Konzept für eine naturverträgliche Miesmuschelzucht. Die Fischer müssen nun auf »Saatgewinnungsgebiete« verzichten, das Konzept kommt sie teuer und ist arbeitsintensiv, aber sie haben Sicherheit für die kommenden 15 Jahre. Ewaldsens Urteil über Habeck ist seither unverrückbar: Der Mann ist in Ordnung, bodenständig, der hebt nicht ab. »Er ist der erste Politiker, der ernsthaft auf uns zugegangen ist und sich unserer Sorgen angenommen hat«, sagt Ewaldsen: »Trotz unüberwindbarer Widerstände hat er zwei verfeindete Parteien zusammengebracht.«

Man sollte die Möglichkeit, dass Robert Habeck als grüner Ministerpräsident an die Stätte seines früheren

Wirkens zurückkehrt, nicht unterschätzen. Mit dem Berliner Politikbetrieb hat er stärker gefremdelt, als er es selbst wohl erwartet hätte. Im Norden ist er sehr zu Hause – und wäre wahrscheinlich auch sehr willkommen.

6. KAPITEL

Antipolitiker on Tour

AM 5. FEBRUAR 2020 FAHRE ICH von Berlin-Mitte aus in den Osten. Robert Habeck, Vorsitzender der Grünen und Buchautor, ist irgendwo auf der Strecke hinter mir. Es geht über die ehemaligen Prachtstraßen der Hauptstadt der DDR, die nach und nach zu Ausfallstraßen werden, gesäumt von sozialistischen Wohnblocks und demokratischen Baumärkten. Jenseits der Berliner Stadtgrenze in Brandenburg liegt die Gemeinde Hoppegarten, bekannt für ihre 1886 eröffnete Galopprennbahn. Jetzt ist Februar, es ist dunkel, die Baumärkte nehmen kein Ende, von Pferden ist nichts zu sehen, Menschen sind auch nicht auf der Straße.

Als ich mich zu fragen beginne, ob mich vielleicht jemand veralbert hat, und wo um Himmels willen hier eine Autorenlesung mit Robert Habeck stattfinden soll, entdecke ich doch die richtige Adresse, den hell erleuchteten Gemeindesaal Hoppegarten. Eine halbe Stunde vor Beginn der Veranstaltung sind schon etliche Leute da, viele Freunde der Literaturreihe »Einfach lesen!« kennen einander, bei einem Glas Wein wird angeregt geplaudert. Eine buschige weiße Katze streicht um die

Beine der Anwesenden. Habeck kommt sehr rechtzeitig, entdeckt mich beim Herumstehen, wir plaudern ein bisschen: Er habe sich ja auf dem Weg hierher schon gefragt, ob das denn tatsächlich so weit draußen sein könne, sagt Habeck.

»Das«, seine Lesungen, sind oft noch viel weiter weg vom Zentrum, von Berlin-Mitte, von der Hauptstadt, als es dieser Gemeindesaal ist. Habeck geht bewusst »raus«, im Idealfall versucht er mindestens einmal im Monat ein Publikum zu treffen, das sich für seine politischen Bücher interessiert. In Schleswig und Hamm, in jedweder deutschen Provinz sind seine Buchveranstaltungen attraktive Ereignisse, weniger als 250 Zuhörer kommen selten.

Es ist nicht so, dass Habeck bei seinen dezentralen Terminen nur Bewunderung einsammeln will. Die bekommt er natürlich und lässt sie sich gern gefallen. Es sei ihm aber auch wirklich ein Anliegen, zumindest einigermaßen genau zu wissen, wie außerhalb der politischen Sphäre gedacht werde, sagt er. Als Landesminister hat er das gut hinbekommen, als Parteivorsitzender ohne Bundestagsmandat und -wahlkreis nutzt er die Veranstaltungen nun vor allem zu Forschungszwecken. Er weiß um die Gefahr, in die man gerät, wenn man nur noch mit Kollegen, Mitarbeitern und Journalisten redet. Und zu Habecks Geschäftsmodell gehört es, sich als Alternative, als Antipolitiker anzubieten, ohne die etablierte Politik allzu sehr zu denunzieren. Er ist anders, und viele Leute mögen ihn dafür. Aber er darf nicht so sehr »anders«, nicht so sehr politischer Bürger statt aktiver Bundespolitiker sein, dass das gesellschaftliche Subsystem »Politik« sich brüskiert fühlt. Das ist ein Kunststück, das mit der Dauer seiner Zugehörigkeit zur politisch-medialen Hauptstadtblase nicht leichter wird. Denn natürlich hat er sich seit 2018 an Berliner Gepflogenheiten und Talkshowbedürfnisse angeglichen, was ihn ein Stück Echtheit kostet. Und andererseits können sich manche grünen Mitstreiter eben noch ganz gut erinnern, dass er sich mitunter ganz gern von der Partei distanziert hat.

In Hoppegarten sagt Habeck beim Small Talk beiläufig einen Satz, über den ich einige Tage lang nachdenken muss: »Was auch immer ich im Moment mache, es wird groß.« Danach wird er zur Bühne gebeten. Viele Zuschauer, auch hier sind es mindestens 250, machen Handyfotos. Der glückliche Gastgeber sagt: »Ich kann mich nicht erinnern, dass ein Mann dieses Kalibers in Hoppegarten gewesen ist.« Habeck sagt, es sei ein wenig misslich, aber er sei heute Morgen noch in London gewesen und habe in der Eile versehentlich zu einem Roman seiner Frau gegriffen statt zu seinem eigenen Leseexemplar von *Wer wir sein könnten*, seinem 2018 erschienenen Buch über die politische Sprache, aus dem er hier vortragen will. Ob er vielleicht ein Exemplar vom Büchertisch ...?

Natürlich bekommt Habeck ein Exemplar seines Buches vom Büchertisch. Aber bevor es losgeht, hat der Veranstalter noch eine der klassischen Einleitungsfragen: »Was hat Sie diese Woche geärgert? Und was hat Sie gefreut?« Habeck reagiert hier wieder so genial zugewandt wie auf die Fragen der Abiturkandidatin nach Machiavelli. Und er hat völlig recht, selbst innerliches Augenrollen wäre unangebracht. Jeder, der diese Art von Fragen stellt (Journalisten eingeschlossen), meint es erstens gut und geht zweitens davon aus, originell zu sein. Jeder, dem sie zum 736. Mal gestellt *werden*, tut gut daran, die Fassung zu bewahren und so zu antworten, als sei er ehrlich bewegt, engagiert und bei der Sache.

»Geärgert« ist außerdem leicht. Schließlich hat heute, an diesem 5. Februar, die FDP Thomas Kemmerich, ihren Fraktionsvorsitzenden im Erfurter Landtag, von CDU und AfD zum Thüringer Ministerpräsidenten mitwählen lassen. Der ganze FDP-CDU-AfD-Spuk dauert am Ende nur wenige Tage, aber Habeck hat sich am frühen Nachmittag schon für vier Kamerateams vor der Grünen-Parteizentrale am Platz vor dem Neuen Tor darüber aufgeregt, da gelingt ihm das in Hoppegarten mühelos noch einmal. Eine Koalition mit der CDU im Bund schließe er ja nicht aus, sagt Habeck, aber in Thüringen mit seinem rechtsextremen AfD-Landesverband »unter Führung des Faschisten Höcke« sei eine Brandmauer eingerissen worden. »Es ist ein Unterschied, ob man selbst eine Mehrheit hat und sich nicht dagegen wehren kann, dass die AfD in einzelnen Fragen mitstimmt, oder ob man die AfD als Mehrheitsbeschaffer braucht.« Hier im brandenburgischen Hoppegarten, wo die Linke die größte Fraktion in der Gemeindevertretung stellt und die AfD gar nicht vertreten ist, sieht man das ganz genauso.

Gerne genommenes Motiv: Habeck im Watt, 2012

2015

2016

Habeck privat
Oben und unten links: Zu Hause in Großenwiehe, 2009

Andrea Paluch, 2019

Anfänge der politischen Karriere in Schleswig-Holstein
Oben links: Landesparteitag 2004: Habeck wird zum Landesvorsitzenden gewählt
Oben rechts: Koalitionsverhandlungen mit der SPD, 2005

Mitte: Spätere Kontrahenten: Robert Habeck und Cem Özdemir, 2009
Unten: Mit Marlies Fritzen, Co-Vorsitzende 2005-2009

Oben links: Die erste Karriere: Habeck als Autor, 2007
Oben rechts: Private Leidenschaft: Handball, 2012
Unten links: Mit Bundesumweltminister Peter Altmaier
beim Besuch einer Seehundstation, 2012
Unten rechts: Kurze Pause bei einer Bootsüberfahrt, 2015

Oben links: Dem Meer verbunden: Bei einer Wattwanderung, 2015
Oben rechts: Dem Wetter getrotzt: Im Tierpark Zittau, 2019
Unten links: Wahlkampfversprechen: Habeck in Lederhose, 2019
Unten rechts: Grüne Ideale: Beim Clean-Up-Day, 2020

Umweltminister von Schleswig-Holstein (2012-2018), oben: 2013, unten: 2014

Oben: Bild mit Wirkung: Habeck in der Ukraine mit Stahlhelm und Schutzweste, 2021
Unten: Medienmensch Habeck: ARD-Sommerinterview, 2020

Habeck und Baerbock
Oben links: Wahl zum Parteivorsitz, 2018
Oben rechts: Wiederwahl, 2019
Unten: Robert Habeck verkündet die Kanzlerkandidatur von Annalena Baerbock, 2021

Geärgert hat sich Habeck außerdem über irgendein vergurktes Spiel seines Flensburger Handballvereins. Gefreut hat er sich über den erfolgreichen Kommunalwahlkampf in Bayern, wo es zwar Bauerndemos mit Anbrüllerei gegeben, man am Ende aber doch einen Gesprächsfaden zueinander gefunden habe. Außerdem habe er sich über die Katze gefreut, auf die er allerdings aus Versehen fast getreten wäre: »Cool, dass hier so'n Eisbär rumläuft!«

Es ist fast egal, was Habeck sagt, ein bisschen Politik, ein bisschen Sport, ein bisschen demokratischer Konsens, ein bisschen Tier, entscheidend ist, wie es ankommt. Und es kommt wahnsinnig gut an. Denn Habeck tut in solchen Augenblicken nicht nur so als ob: Er *ist* nett. Er ist locker, charmant, unverstellt, selbstkritisch, spontan, nachdenklich, bescheiden – schneller als seine Nettigkeit gehen die Adjektive zu Ende. Wenn man sich intensiv mit ihm befasst, meint man manchmal zu ahnen, dass da eine Reserve ist, eine letztlich doch nicht überwindbare Unnahbarkeit, ein Vorbehalt. Der Dokumentarfilmer Malte Blockhaus hat so etwas wahrgenommen. Aber während Habeck auf der Bühne steht, liest und mit seinem Publikum diskutiert, ist er all das, was man sehen will. Jeder ebenfalls nette Mensch wäre nach einem solchen Abend gerne mit Robert Habeck befreundet.

In einem der Bücher, die Habeck gemeinsam mit Andrea Paluch geschrieben hat, kommt die Figur eines jungen Mannes vor, Jasper heißt er. »Ich glaube, dass das sein Geheimnis war«, sagt die Erzählstimme über

Jasper, »dass sich alle in ihm spiegeln konnten. Irgendwie gab er ihnen die Idee davon zurück, was sie einmal geträumt hatten, was das Leben sein könnte.« Ich glaube, dass dieser Gedanke aus diesem 2007 erschienenen Jugendroman *Unter dem Gully liegt das Meer* das Phänomen Robert Habeck besser erklärt als vieles andere, was über ihn geschrieben worden ist. Es gibt natürlich auch Menschen, bei denen der Habeck-Charme überhaupt nicht funktioniert, die ihn grauenhaft finden – was sie in unserem unerfreulich verrohten gesellschaftlichen Klima sowohl in den sozialen Medien als auch persönlich durchaus zum Ausdruck bringen.

Aber viele, die sich noch daran erinnern können, wie unglaublich wundervoll es war, jung zu sein, was alles möglich schien und was man alles riskierte, als ob es kein Morgen gäbe, wissen natürlich auch, was sie an den Alltag verraten haben, und wo er sie verraten hat, und mit welchen faulen Kompromissen sie sich durchs Leben schleppen.

Habeck ist nun nicht der, der zu den Ernüchterten sagt: »Ihr Loser!«, sondern vielmehr »Seht, was immer noch drin wäre!« Er ist die ideale Projektionsfläche für Menschen, die nicht so richtig glücklich sind mit der normativen Kraft des Faktischen, der sie sich unterworfen haben. Das ist insofern ironisch, als Robert Habeck ja vermutlich der größte lebende Apologet des Kompromisses ist: Der Kehrreim seiner Bücher, Reden und Talkshow-Auftritte lautet, dass die Politik zwar einerseits Visionen braucht, dass der Weg zu hehren Zielen aber zwangläufig über Einigungen und Abstriche von eigenen Maximalpositionen führt.

Vielleicht gelingt es Habeck gerade wegen seines vernünftigen Kompromisslertums, 50-Jährigen in der Midlife-Crisis zu suggerieren, dass noch nicht alles verloren ist. Dass sie einen Aufbruch wagen könnten, ohne ihre Komfortzone zu verlassen, und es tun sollten, weil diese Komfortzone doch gar nicht so schön ist, wie sie dachten. Und natürlich wechselt Habeck, so ist es auch in Hoppegarten zu beobachten, immer wieder geschickt die Perspektive. Mal ist er der zweifelnde Politiker, dann wieder polemisiert er gegen die »feudalistische Selbstüberhöhung« mancher Kollegen, die sich für »etwas Besseres« halten und »von oben herab« den Menschen »etwas erklären« wollen: »Solche Politiker leben in einer Welt, die sich entkoppelt«, sagt der Politiker Habeck, und dann, unter beifälligem Gemurmel des Publikums: »Ich wäre lieber der Typ, der auf der Straße rumschlunzt und Pommes isst.« Und damit hat er uns. Denn stellen Sie sich neben dem zuletzt aufgerufenen Bild – der ewig verwuschelte, unkonventionelle, aber zugleich verantwortungsvolle, kompromissbereite und *vernünftige* Habeck, der Pommes oder auch Chinanudeln essend auf der Straße rumschlunzt – unser sonstiges politisches Spitzenpersonal vor: Angela Merkel. Olaf Scholz, der gerade noch einmal erklärt, warum er, und nur er, Kanzler wird, auch mit weniger als 15 Prozent für die SPD. Diverse Apparatschiks vom Schlage Ziemiak, Spahn, Esken. Peter Altmaier, der wirklich unter keinen Umständen Pommes essen sollte. Franziska Giffey im strammen Kostüm, die gerade verspricht, auf jeden Fall zur Wahl zu stehen, obwohl ihr der Doktortitel aberkannt wurde, Guttenberg hin oder her.

Es gibt in der Politik ja anscheinend keine alten Haudegen vom Schlage Helmut Schmidts mehr, denen man intuitiv zutrauen würde, sowohl eine Sturmflut als auch eine Virusseuche oder einen Atomkrieg irgendwie in den Griff zu bekommen (sofern die SPD ihn nicht per Parteitagsbeschluss daran hindern würde). Über 80-Jährige wie Klaus von Dohnanyi sind heute in Talkshows nur mehr Besetzungsfehler, und jungenhafte Ministerpräsidenten vom Schlage Tobias Hans oder Michael Kretschmer wirken so, wie sie nun einmal wirken. Der Einzige, der es in Sachen Vitalität und Instant-Authentizität mit Habeck aufnehmen kann, ist verstörenderweise Bayerns Ministerpräsident Markus Söder, was den *Spiegel* im Dezember 2020 zu einem lustigen Doppelinterview mit den beiden potenziellen Kanzlerkandidaten ihrer Parteien veranlasst. Darin bezeichnete Habeck Söder in aller Freundschaft als »Kamel«, denn die Coronakrise sei »für alle, die jetzt Regierungsverantwortung tragen, ein langer Weg durch die Wüste«, für den man Kondition und Durchhaltevermögen brauche. Söder kontert, laut *Spiegel*, grinsend: »Also, ich habe ja schon viel gehört, aber das hat sich nicht einmal Horst Seehofer getraut!« Was wir als Publikum daraus lernen sollen? Die beiden großen Jungs vertragen sich bestens, aber necken einander – *boys will be boys*.

In der außerparlamentarischen Opposition fehlt es ebenfalls an Charismatikern. Vermutlich käme selbst ein Rudi Dutschke heute nicht mehr so gut an wie in den Sechzigerjahren. Die Klimaaktivistin Greta Thunberg lässt einen unwillkürlich an besonderen Betreuungsbedarf denken, und Fridays-for-Future-Gesicht und Grünen-Mitglied Luisa Neubauer ist so unhintergehbar eine höhere Tochter (mit einem Abitur vom Marion-Dönhoff-Gymnasium in Hamburg-Blankenese), dass sie als Anführerin einer radikalen Massenbewegung wohl nicht unbegrenzt anschlussfähig ist. Auf der politischen Rechten mag sich Björn Höcke für einen Messias halten, aber über die AfD-Anhängerschaft hinaus dürfte es nicht allzu viele Leute geben, die einen Typen wie ihren alten Geschichtslehrer an der Spitze des Landes sehen wollen.

Robert Habeck ist also, obwohl ihm das »Sohn-aus-gutem-Hause«-Problem nicht unvertraut ist, ziemlich konkurrenzlos auf weiter Flur. Und er macht sich, das muss man immer wieder betonen, mehr Mühe damit, unsere Gegenwart zu verstehen, als das viele andere Spitzenpolitiker tun. Wobei man nicht ungerecht sein darf: Politik lernt man ganz wesentlich auch durch Nachahmung, und Nachwuchspolitiker orientieren sich eben an dem, was sie vorfinden. Dass es Robert Habeck so gut gelungen ist, seine Rolle, seine politische *Persona* eigenständig zu modellieren, lässt durchaus auf ein politisches Ausnahmetalent schließen.

Doch für innerparteiliche Machtkämpfe folgt aus dieser so vielversprechenden Sonderrolle eines politischen Außenseiters und charismatischen Antipolitikers automatisch – gar nichts. Eine Projektionsfläche für die

Sehnsucht nach etwas Neuem, Besseren, Außergewöhnlichen können auch andere bieten, wenn Partei und Medien mitspielen. Annalena Baerbock hat wenig von dem, was Habeck verkörpert, aber nun ist sie eben die Vorsitzende, also die spannende Neueinsteigerin, auf die sich erst einmal alle stürzen.

7. KAPITEL

»Sprache ist das eigentliche Handeln«

ZU FAST JEDER POLITISCHEN LEBENSSITUATION verfasst Robert Habeck das passende Buch und wird sich im Schreibprozess darüber klar, was er sagen will und welche Fragen er für vordringlich hält.

So war es 2010, als er *Patriotismus. Ein linkes Plädoyer* schrieb. Damals war Habeck Fraktionsvorsitzender der oppositionellen Grünen im Kieler Landtag, eine Rolle, die ihm sehr lag. Er hatte stets Publikum, stellte durch sein Redetalent die meisten Kolleginnen und Kollegen in den Schatten und war nicht von der Verpflichtung belastet, das, was er versprach und forderte, auch administrativ umsetzen zu müssen. Bereits vor zehn Jahren muss Habeck klar geworden sein, dass die Grünen größere Erfolgsaussichten und mehr Koalitionsmöglichkeiten haben würden, wenn sie sich auf die bürgerliche Mitte ausrichteten, als dies für sie als linke, radikal-ökologische Partei möglich sein würde. *Patriotismus* ist das Buch, in dem er für diese Neuorientierung wirbt. Schon der Klappentext des Verlages ist Programm: »Habeck hat sich als einer der Ersten für einen neuen Kurs der Eigenständigkeit und Unabhängigkeit eingesetzt.«

Grüne Eigenständigkeit, dieses Stichwort ist den Grünen im Norden sehr wichtig und bedeutet in einfacher Sprache, dass sie nicht ewig die als »Kellner« verspotteten Mehrheitsbeschaffer für den »Koch« SPD bleiben wollten. Dass sie auf eigene Mehrheitsfähigkeit setzen, dafür aber um die gesellschaftliche Mitte werben müssen. Dass es nicht nur um die Veganerin geht, sondern auch um den Wähler, der gern Würstchen und Kotelett auf den Weber-Holzkohlegrill wirft. Habeck reklamiert die Urheberschaft des Konzepts der eigenen Mehrheitsfähigkeit für sich und seinen Freund Konstantin von Notz. Andere schleswig-holsteinische Grüne erinnern sich, dass durchaus noch weitere Spitzengrüne an der Neuausrichtung der Partei mitwirkten, zum Beispiel die heutige Finanzministerin Monika Heinold.

Für die bürgerliche Wende der Grünen das Thema »Patriotismus« zu wählen war jedenfalls genauso genial wie provokant. Aus grünem Munde klingt es hinreichend ungewohnt, um auch bisherige CDU- oder FDP-Wähler aufmerksam zu machen. Zugleich kann es aber die antinationalistischen Eine-Welt-Gefühle des Stammpublikums verletzen. Habeck ruft also erst einmal das Stichwort Patriotismus auf, um sich gleich wieder davon zu distanzieren: »Patriotismus, Vaterlandsliebe also, fand ich stets zum Kotzen«, schreibt er. »Ich wusste mit Deutschland nichts anzufangen und weiß es bis heute nicht.« Er dekonstruiert den Begriff in poststrukturalistischer Manier: Patriotismus, das sei zunächst einmal nicht mehr als eine leere Hülle, »nichts Vergangenes, nichts ein für alle Mal Gegebenes«. Ähnlich wie die amerikanische Philosophin Judith Butler »Geschlecht« nur für ein soziales Konstrukt hält, soll auch »Patriotismus« nach Habecks Vorstellung rein sprachlich neu definiert werden können: »Linker Patriotismus organisiert die Gesellschaft«, schreibt er. »Ausgeschlossene sollen von ›unserem Land‹ reden können.« Es gehe um einen »rationalen Gesellschaftsvertrag«, der nichts mehr mit Traditionen, gemeinsamer Geschichte und Kultur zu tun zu haben braucht: »Wenn die einen profitieren sollen, müssen die anderen verzichten«, schreibt Habeck. »Sie müssen mehr Steuern zahlen, tolerant sein, anderes zulassen. Die Frage ist, ob es gelingt, die notwendigen Umstellungen so zu erklären, dass sie nicht als Opfer oder Verzicht wahrgenommen werden, sondern als etwas, das ›unser‹ Leben reicher macht.«

Übersetzt heißt das, dass Patriotismus in Deutschland nicht Vaterlandsliebe, sondern Liebe und Integrationsbereitschaft für die ganze Welt bedeuten soll. Und dass diejenigen, die dafür »verzichten« oder mehr Steuern zahlen müssen, das als Gewinn empfinden sollen. Diese Interpretation zielt auf die Besserverdienenden mit *ZEIT*-Leser-Mentalität, die sich nicht daran stören, dass Habeck den Patriotismus-Begriff praktisch auf den Kopf stellt. Jeder, der nicht beliebige andere integrieren, verzichten oder mehr Steuern zahlen will, damit sein Leben für und durch bisher »Ausgeschlossene« reicher wird, ist demnach kein Patriot. Für Unionswähler, die in der Einwanderungspolitik auf Merkel-Linie liegen, dürfte das heute anschlussfähig sein – eher jedenfalls als für die verbliebenen Anhänger der

Sozialdemokratie, die die mühsame Integration in Wohnvierteln und Schulen täglich ganz praktisch bewerkstelligen müssen. Ganz im frechen Aneignungsmodus steht dann 2018 die Sommertour der frisch gewählten grünen Parteivorsitzenden Habeck und Baerbock unter einem Motiv des Deutschlandliedes, aus der gesungenen dritten Strophe unserer Nationalhymne: »Des Glückes Unterpfand«. Im Original: »Einigkeit und Recht und Freiheit/sind des Glückes Unterpfand./ Blüh' im Glanze dieses Glückes,/blühe deutsches Vaterland!«

Habeck nutzt sein Patriotismus-Buch auch, um sich ein weiteres Mal als Antipolitiker zu positionieren. Das sei ja bei ihm alles sehr schnell gegangen, schreibt er: »Schwupps ist man ein Politiker und gehört zu ›denen‹ (...), die Schnösel mit den Nadelstreifen, die man immer verachtet hat.« Was natürlich eigentlich heißen soll: Es sieht zwar vielleicht so aus, aber ich gehöre nicht wirklich zu »denen«, ich bin zwar Politiker, aber überhaupt kein »Schnösel in Nadelstreifen«.

Schriftlich wie mündlich neigt Habeck zu saloppen Formulierungen wie »schwupps«, von »cool« und »uncool« ist bei ihm häufig die Rede. Das darf man auch als Bemühen um ein jugendliches Image verstehen. Vielen aus unserer Generation der Anfang-50-Jährigen fällt es ja immer noch schwer, uns selbst als erwachsen zu begreifen. Habeck möchte auf keinen Fall als Krawattenbürger wahrgenommen werden, auch wenn er gerade heftig um die Krawattenbürger wirbt. Er bleibt der große Junge.

Eine Beobachtung in Habecks Patriotismus-Buch ist

allerdings bemerkenswert und gerade für die Frage, wie Grüne regieren wollen, entscheidend. »Die Geschlossenheit des politischen Systems ist so offensichtlich, dass es die Grundintention der Demokratie infrage stellt«, schreibt er 2010. »Die Lösungen, die die politischen Parteien anbieten, sind Lösungen, die aus den selbstbezüglichen Strukturen des Politiksystems kommen.« Diese korrekt beobachtete Geschlossenheit des Systems hat sich inzwischen gegen den Antipolitiker Habeck selbst gekehrt, der, trotz politischer Blitzkarriere und hoher Parteiämter, möglicherweise doch zu sehr Schriftsteller und Kritiker des Politikbetriebs geblieben ist, um für das System erträglich zu sein. Eine Erklärung für den Umstand, dass Baerbock sich letzten Endes gegen Habeck durchsetzte, lautete denn auch, dass »der Robert« zu selten in Berlin gewesen sei, zu selten die fachliche Expertise der Bundestagsfraktion abgefragt und es im Übrigen versäumt habe, regelmäßig mit Bundestagsabgeordneten essen zu gehen und sie nach ihrer Meinung zu fragen. Annalena Baerbock habe all dies getan – »sie ist gut vernetzt!« lautet die gängige Formel dafür – und habe selbst nach ihrer Nominierung als Kanzlerkandidatin Interviews mit den Fachpolitikern abgestimmt. »Robert hätte immer selbst Bescheid gewusst«, sagt einer von denen.

Die Leute riefen nach Visionären, aber sie wollten keine Veränderungen, schreibt Habeck in *Wer wagt, beginnt*. Damit hat er recht, und das gilt sowohl für die eigene Partei wie für die journalistische Zunft: Zwar klagen viele meiner Kolleginnen und Kollegen ganz besonders über floskelhafte Politikersprache, hohle Interviews und mangelnde Bereitschaft ihrer Gesprächspartner, sich festzulegen. Trotzdem reüssieren Quereinsteiger fast nie in der Politik und dies nicht zuletzt, weil Journalisten jedem, der im Politikbetrieb anders zu sein versucht, schon mal vorsichtshalber mangelnde Professionalität unterstellen.

In Bezug auf Habeck ist die Situation besonders komplex und interessant: Er *ist* zugleich politischer Quereinsteiger, aber auch längst Profi; er ist Politiker und Antipolitiker. Sein Publikum liebt das Authentische, Schnodderige an ihm. Doch gerade beim un-profihaften Vor-sich-hin-Sprechen unterlaufen ihm Fehler. Obwohl er das Anti-Establishmenthafte kultiviert, ist er in seinen Politikerjahren doch auch schon sehr abgeschliffen worden. Tausende von Interviews führen eben dazu, dass man irgendwann in Textbausteinen antwortet, und seien es sympathisch-vernuschelte Textbausteine.

2016 erschien Robert Habecks bereits zitiertes Buch *Wer wagt, beginnt. Die Politik und ich.* Damals formulierte Habeck Kritik an der Ära Merkel. In Merkels Amtszeit sei die Sprache zu floskelhaft geworden, die Emotionen seien aus der Politik verschwunden. »Alternativlosigkeit meint im weiteren Sinn eben nicht nur, dass es keine andere Entscheidung gibt, sondern dass man es gar nicht erst zur Entscheidung kommen lässt«, schrieb Habeck damals und bescheinigte Merkel »sprachliche Leere und demonstrative Leidenschaftslosigkeit«. Er selbst bietet sich als genau die Alternative an, nach der sich viele sehnen: sprachlich gewandt, leidenschaftlich, viele private Bilder verwendend, überraschend. Habeck ist bei Reden oft von sich selbst gerührt; in puncto moralisierendes Pathos hat ihn Merkel in der Coronakrise allerdings überholt, obwohl kaum jemand das für möglich gehalten hätte.

In *Die Politik und ich* berichtet Habeck auch von einer großen Angst: Nämlich in Zeiten einer zunehmenden Brutalisierung der politischen Öffentlichkeit selbst einmal Opfer einer öffentlichen Hetzjagd zu werden. »Die Angst, die ich meine, bezieht sich auf die persönliche Diskreditierung. Karl-Theodor zu Guttenberg oder Annette Schavan, die wegen falscher Doktorarbeiten zurücktreten mussten, Christian Wulff, der sein Amt am Ende wegen der Einladung eines Mäzens über 700 Euro verlor – sie alle haben ihr Amt vielleicht zu Recht verloren, vielleicht auch nicht«, schreibt Habeck. »Aber das, was Politik mit ihnen gemacht hat, die Häme und Schmach, die ihnen zuteilwurde, finde ich zutiefst ungerecht. Und es macht mir Angst vor meinem Beruf, weil ich ja annehmen muss, dass es mir vielleicht auch mal so ergehen könnte.«

Die erste Frage, die sich angesichts dieser Passage stellt, ist natürlich die, ob Habeck an ein bestimmtes eigenes Verhalten denkt, das mit Häme skandalisiert werden könnte. Zweitens war es natürlich nicht allein »Politik«, die da etwas mit Leuten machte, es waren Journalisten, Angehörige der zuweilen unglaublich selbstgerechten »vierten Gewalt«, die in diesen Fällen Lebensläufe schredderten. Und nebenbei würde mich persönlich schon interessieren, ob Robert Habeck auch die haltlose Kampagne, die von meinem Kieler OB-Vorgänger und seiner SPD-Grüne-SSW-Landesregierung 2013 gegen mich angezettelt wurde, als erschreckend empfand. Geäußert hat der stellvertretende Ministerpräsident sich dazu nie.

Sein Buch *Wer wir sein könnten*, aus dem er auch in Hoppegarten liest, schrieb Habeck 2017, also in dem Jahr, in dem er gerade *nicht* Spitzenkandidat der Grünen für die Bundestagswahl geworden war, und *bevor* er zum Co-Parteivorsitzenden gewählt wurde. Es beschäftigt sich – außer mit Habeck – mit der zunehmenden Polarisierung der Gesellschaft, dem sich verschärfenden Ton politischer Debatten und den Grenzen des Sagbaren. Identitätspolitik und Cancel Culture sagte man damals noch nicht. Aber die Themen gab es schon. Habeck beginnt seine Überlegungen wieder mit dem poststrukturalistischen Credo, das er sich im Studium der Literaturwissenschaft erworben hat: »Sprache schafft die Welt«, schreibt er: »Sie ist nicht nur eine Abbildung von ihr, sondern bringt sie immer auch hervor.«

Das stimmt insofern, als die Art, wie wir über Dinge reden, natürlich unser Bild von ihnen prägt, positiv oder negativ, bewundernd oder verächtlich, über- oder untertreibend. Aber die Dinge oder die Menschen an sich sind da, sie entstehen oder vergehen nicht im Sprechakt. Wenn Menschen zu uns kommen, weil in ihrem Land Krieg herrscht, dann können wir sie »Flüchtlinge« nennen oder »Geflüchtete«, »Wirtschaftsmigranten« oder

»Teil von Merkels Umvolkungsstrategie«, aber es bleiben Menschen, zu denen wir uns irgendwie verhalten müssen und sie sich zu uns. Deshalb ist Habecks Schlussfolgerung, in der Politik sei »Sprache das eigentliche Handeln«, falsch. *Handeln* ist das eigentliche Handeln, Sprache kann es nur in die eine oder die andere Richtung lenken. In der Coronakrise haben wir gesehen, wie gefährlich es ist, wenn Politiker ihr Sprechen für »Handeln« halten: Bloß indem ich fordere, alte Menschen sollten durch die Solidarität der Jüngeren geschützt werden, habe ich noch kein einziges Pflegeheim virensicher gemacht, noch keinen einzigen Tod verhindert.

Früher war es vor allem die SPD, die in einer Art Schwundstufe des wissenschaftlichen Marxismus glaubte, die reine Beschreibung ihrer Ziele führe schon zu deren Verwirklichung. Inzwischen hat dieser Irrglaube auch auf die Union übergegriffen, Angela Merkel ist da das prominenteste Beispiel. Den gleichen Fehlschluss von Habeck ebenfalls positiv formuliert zu finden ist in gewisser Weise niederschmetternd, weil er es sowohl theoretisch als auch praktisch besser wissen müsste.

Auch seine mögliche Kanzlerkandidatur hatte Habeck mit einem neuen Buch vorbereitet. Es erschien im Januar 2021, also nach einem knappen Jahr der Coronakrise in Deutschland: *Von hier an anders. Eine politische Skizze*, lautet der Titel.

Habeck musste darin das Kunststück vollbringen, weiterhin sympathisch-antipolitisch zu wirken und außerdem seine fortdauernde Freiheitsliebe nachzuweisen, obwohl sich die Grünen in Coronazeiten kaum kritisch mit der dramatischen und immer schlechter begründeten Einschränkung von Grundrechten befasst haben. Dabei waren sie früher durchaus nicht nur eine Öko-, sondern auch eine Bürgerrechtspartei gewesen. Doch Habeck und Baerbock ordneten alle kritischen Ansätze lieber einer Demonstration von Regierungsfähigkeit mit Union und SPD unter. Die anfangs überraschend hohen Zustimmungswerte zu den Corona-»Maßnahmen« des Bundes und der Länder schienen ihnen zunächst recht zu geben. Außerdem war unter den Ministerpräsidenten im ad hoc gebildeten Exekutivausschuss der Länderchefs mit der Bundeskanzlerin selbst ein Grüner dabei, Winfried Kretschmann für das drittgrößte Bundesland Baden-Württemberg.

Dass ein sprachkritischer Literaturwissenschaftler wie Habeck sich trotz allem nicht offensiver mit dem Neusprech der Coronaphase auseinandersetzte – »Inzidenz«, »runterfahren«, »lockern« –, enttäuscht dabei ein wenig.

Habeck lässt seine Leser ein weiteres Mal wissen, dass er nicht so ganz zum Polit-Establishment gehört, auch wenn es mittlerweile so scheinen könnte: »Meine Arbeit, ja meine Vorstellung von Politik ist es«, so schreibt er, »die Distanz zwischen den Typen, die man aus dem Fernsehen kennt, und denjenigen, die von politischen Entscheidungen betroffen sind, zu verringern, nahbar zu sein, Nähe zuzulassen, Kontakte und Begegnungen zu ermöglichen und zu erleben.« Natürlich ist er nicht der erste und nicht der einzige Politiker, der diesen Anspruch formuliert, aber man wird ihm zugestehen, dass er dabei durchaus erfolgreich ist. Wer ihn einmal persönlich erlebt oder getroffen hat, ist begeistert davon, wie gut dieser Mann zuhören kann! Habecks erfolgreichstes Format ist die Begegnung. Deshalb hat er – wie viele Wissenschaftler, Künstler und Sportler – auch unter der reduzierten Veranstaltungskultur dieses langen Jahres 2020/21 gelitten. Seine Bühnen fehlten ihm, im Bundestag sitzt er nicht, und jedes Fernsehinterview konnte als Griff nach der Kanzlerkandidatur gedeutet werden, die er und Baerbock doch im Einvernehmen regeln wollen.

Habeck distanzierte sich unter dem Eindruck von Corona erstaunlich deutlich von seinem früheren Freiheitspathos und zwar indem er auch diesen Begriff einfach umdefinierte. »Freiheit wohlverstanden heißt eben nicht, dass alles offen ist und man alles tun kann, sondern dass man über die Bedingungen und Begrenzungen des Lebens selbst bestimmt.« Das ist nun exakt die protestantisch-freudlose Verzichtsethik, die die Grünen auch schon in Ideen wie den »Veggie-Day« oder das generelle Tempolimit auf Autobahnen getrieben hat. Auch der von Fraktionschef Anton Hofreiter zu Beginn des Jahres 2021 angeregte Verzicht aufs Einfamilienhaus passt in dieses Denken. Nur sollen die Leute eben selbst einwilligen in die zu verordnenden Beschränkungen, weil das moralisch geboten ist – jedenfalls aus Sicht der Grünen und ihres Vorsitzenden.

Dass eine wachsende Zahl von Menschen in Deutschland nach Monaten des Dauerlockdowns die Coronapolitik der Regierenden in Bund und Ländern angesichts von Impf- und Testchaos immer mehr für fragwürdig hält und dass Grundrechte – vom Grundgesetz garantierte Freiheiten – selbst nicht begründungsbedürftig sind, sondern, ganz im Gegenteil, in jedem einzelnen Fall die Verhältnismäßigkeit ihrer Einschränkungen, schien für Habeck während der ganzen Zeit keine Rolle zu spielen. Freiheit ist nun die Freiheit zur Einsicht in die Notwendigkeit. Schließlich geht es um hehre Ziele. Der Philosoph Karl Popper hat in *Die offene Gesellschaft und ihre Feinde* eindringlich vor derartiger historisch-materialistischer Logik gewarnt.

In seinem Buch unterstellt Habeck Teilen der Gesellschaft, sie komme mit dem »Fortschritt« einer modernen, globalisierten Gesellschaft nicht zurecht, sie wolle Veränderungen verhindern und vor allem nur eine Meinung dulden. Weil Phänomene wie Corona oder die Klimakrise »alte Gewissheiten infrage stellten«, würden sie von rechten Populisten »geleugnet«. Ob man diese Auffassung teilt, ist natürlich eine Frage des eigenen Standpunkts. Man kann mit durchaus vernünftigen Gründen zu dem Urteil gelangen, dass die deutsche Coronapolitik jedenfalls die über 80-Jährigen, deren Leben zu schützen angeblich ihr höchstes Ziel war, im Ergebnis nicht wirksam geschützt hat. Gestorben wurde im gesamten Winter 20/21 weit überproportional in den Alten- und Pflegeheimen, auch bei verschärftem Lockdown. Auf diesen Umstand hinzuweisen und die Wirksamkeit der pauschalen Abriegelungspolitik zu bezweifeln hat mit Corona-»Leugnung« nichts zu tun.

Wer den Verbotsenthusiasmus der Großen Allparteien-Koalition nicht teilt, hat auch nicht zwangsläufig etwas gegen Meinungspluralismus. Habeck schreibt, es gehöre »zum aufgeklärten Leben und zu einer demokratischen Gesellschaft dazu, dass manche Menschen sich eine andere Politik wünschen, dass sie statt Diskurs und Debatte eine unteilbare Wahrheit herbeisehnen«. Wenn nicht alles täuscht, waren es im Coronawinter allerdings eher die obrigkeitlichen Lockdownstrategen, die auf »Diskurs und Debatte«, auf alternative Strategievorschläge gereizt bis aggressiv reagierten.

Habeck will eine Politik schaffen, die »nicht Selbstverwirklichung mit Selbstoptimierung und Selbstverwöhnung verwechselt und dabei selbst gewöhnlich wird«. Dieser Satz klingt so, als könnte er auch zu den Familienweisheiten seines Elternhauses gehören. Wo sind sie hin, die freiheitsverliebten, ungestümen, hedonistischen Helden seiner Jugendromane? Wo ist seine Liebe zum so hart erkämpften, kostbaren Grundwert »Freiheit« geblieben?

»Wahrscheinlich wollen die Menschen, denen ich begegne, die mich auf Veranstaltungen anschreien oder auch freundlich nachfragen, vor allem gesehen und ernst genommen werden«, schreibt Habeck in seinem Kanzlerbuch, das dann doch keines wurde. Aber wer so über »die Menschen« spricht, erhebt sich selbst schon ziemlich stark über die armen Gestalten, die sich da angeblich nach seiner Aufmerksamkeit sehnen. Insofern ist Habeck mit seinem jüngsten Buch endgültig in den Club jener Berufspolitiker vorgestoßen, die sich ihren Wählern eher vorgesetzt als ihnen dienend fühlen.

8. KAPITEL

Hype und Hybris: Der Medienstar

»IN DER POLITIK IST SPRACHE das eigentliche Handeln«, behauptet, siehe oben, Robert Habeck. Und sosehr das einerseits *nicht* stimmt, so sehr ist andererseits etwas daran: Politische Verantwortungsträger haben heute nur dann Handlungsspielraum, um tatsächlich Dinge zu verändern, wenn die Medien ihnen wohlwollend begegnen, ihnen Kompetenz unterstellen, ihnen überhaupt Öffentlichkeit verschaffen. Nimmt mediale Kritik überhand oder gerät ein Politiker gar, wie der glücklose frühere Bundespräsident Christian Wulff, als vermeintlicher Übeltäter in eine journalistische Hetzjagd, dann kann es mit politischem Spielraum und Karriere ganz schnell zu Ende sein.

Insofern ist es wichtig, was ein Politiker der Öffentlichkeit mitteilt – und zwar sowohl auf Instagram als auch bei *Anne Will*. Und entgegen allen Abgesängen auf die »etablierten Medien« ist außerdem immer noch wichtig, was die politischen Kommentatoren über einen Spitzenpolitiker sagen. Sind sie sich in ihrer Ablehnung zu einig, ist es schwer, dagegen anzukommen.

Robert Habeck weiß das sehr genau und hat stets

versucht, ein sympathisches Bild abzugeben, wobei das zu unterschiedlichen Zeiten Unterschiedliches bedeutete. In seiner Autorenphase waren er und seine Co-Autorin und Ehefrau naturgemäß an verkaufsfördernder Öffentlichkeit interessiert. Jeder Auftritt, jeder Zeitungsartikel, jedes Interview bedeutete schließlich Werbung für die Bücher, die sie gerade am Start hatten und die möglichst viele Leser finden sollten. In dieser Phase waren beide auch äußerst offenherzig, was ihr Privatleben anging.

Inzwischen meiden sie gemeinsame Auftritte weitgehend. Und der Zugang zu Robert Habeck, den auf den Fluren des Kieler Landeshauses jeder unkompliziert ansprechen konnte, wird heute professionell kontrolliert durch die Parteisprecherin Nicola Kabel, die ihn aus Kiel in die Hauptstadt begleitet hat. Kabel empfindet den Umgang mit den Berliner Medienvertretern erkennbar als anstrengend. Aus Schleswig-Holstein war sie anderes gewohnt. Dort gibt es tatsächlich nur vier oder fünf relevante landespolitische Korrespondenten, die man mit ein wenig zugewandter Freundlichkeit leicht für sich einnehmen kann. Das gelang Robert Habeck auch deshalb gut, weil er zunächst als Fraktionsvorsitzender der Grünen im Landtag selbst ein Kommentierender war, der für nichts Verantwortung trug, im Vergleich zu seinen Abgeordneten-Kollegen aber rhetorisch und intellektuell glänzen konnte.

Einer breiteren Öffentlichkeit im »Echten Norden« (Landes-PR-Slogan) wurde der Grünen-Spitzenkandidat im Landtagswahlkampf 2012 bekannt. Die Kampagne war komplett auf ihn zugeschnitten. Plakatmotive in damals noch origineller Selfie-Optik zeigten einen jeweils wie frisch aus der Nordsee gekrabbelten Robert Habeck unter Slogans wie »JedeR braucht Watt zum Leben« (auch damals genderten die Grünen schon), »Zieht wie Hechtsuppe« (für Windenergie) oder »Iss es, wie's is« (vor Demeter-Gemüse). Gleichwohl blieb das Landtagswahlergebnis damals mit 13,2 Prozent (gegenüber 12,4 Prozent 2009) ziemlich im Rahmen. Robert Habeck wurde stellvertretender Ministerpräsident, Landwirtschafts- und Umweltminister im Kabinett von Torsten Albig (SPD) und behielt diese Rolle auch 2017 in der Jamaika-Koalition von Ministerpräsident Daniel Günther (CDU) – da waren die Grünen, wieder mit Doppelspitze, bei 12,9 Prozent gelandet.

Die Meinungen darüber, welches Standing Habeck über die Jahre in der Landespresse gehabt habe, gehen auseinander. Günther sagte mir einmal beim Geplauder am Rande einer Kieler-Woche-Veranstaltung, den Habeck, den er im Übrigen sehr schätze, hätten gerade meine Kolleginnen doch geliebt! Das mag freilich vor allem die Wahrnehmung eines Mannes sein, mit dem die lokalen Medien alles andere als sanft umgegangen waren: Vom Ober-Intriganten über den Kindskopf bis zum Hoffnungsträger der Bundes-CDU kamen alle möglichen Zuschreibungen vor. Zuletzt geriet er heftig in die Kritik wegen einer komplizierten Kieler Polizeiaffäre, in der er Knall auf Fall seinen CDU-Innenminister entließ. Nur die eskalierende Coronakrise (und schwere handwerkliche Fehler der Lokalzeitung) bewahrten ihn davor, in einen Skandalisierungsstrudel gerissen zu werden.

Robert Habeck war in seinen sechs Jahren als Landesminister in Schleswig-Holstein nie in der Gefahr, von den Lokalzeitungen gehetzt zu werden. Aber er war auch noch nicht der strahlende Held, zu dem er später auf der bundespolitischen Bühne wurde – zumindest vorübergehend. Ein langjähriger Landeshauskorrespondent erinnert sich, dass der Grüne zwar durch sein jugendliches Auftreten und seine erfrischende Art zu sprechen auffiel, dass er aber von den Kollegen »weder als Messias, noch als Retter der Welt oder auch nur Schleswig-Holsteins« gefeiert worden sei. Er habe sein Amt »eher ruhig, weitgehend lautlos und dialogorientiert« versehen, was in Schleswig-Holstein allerdings gut ankomme. »Man mag hier im Norden keinen Hype«, meint der frühere Journalist und heutige Dekan des Fachbereichs Medien an der Fachhochschule Kiel, Christian Hauck: »Insofern passte er hier sehr gut her.« Sodass jetzt manchmal der Kopf geschüttelt werde und Leute fragten: Überzieht er nun nicht doch ein wenig? Von »verliebten Journalistinnen« könne keine Rede sein, sagt Hauck. »Seine vergleichsweise schönsten Medien-Momente dürfte Habeck als Umweltminister gehabt haben, wenn der frühere Chefredakteur der *Schleswig-Holsteinischen Landeszeitung* ihn nach Flensburg zum Interview bat.« Und natürlich, so darf man mutmaßen, wenn Habeck sich für den *NDR* an der Nordseeküste ins Watt stellen durfte.

Lässt sich also die Medienerfahrung des grünen

Landesministers in Schleswig-Holstein mit »kein Hype, aber auch kein Stress« zusammenfassen? Das würde bedeuten, dass Robert Habeck und seine Pressesprecherin für die Bundesebene nur teilweise vorbereitet waren: Sowohl der Hype als auch der Stress können für Spitzenpolitiker im Hauptstadtgetümmel deutlich härter ausfallen als in einem Bundesland. Ehemalige Parteivorsitzende aus der Provinz wie Kurt Beck (SPD) oder Annegret Kramp-Karrenbauer (CDU) wissen davon ein Lied zu singen. Man darf durch den Hype nicht übermütig werden und an der Kritik nicht verzweifeln. Es ist im politischen Berlin viel schwerer, mit Journalisten Allianzen zu schmieden, weil man sich nicht, wie zu Hause, ohnehin auf dem Weg zum Mittagessen in der einzigen Kantine trifft. Auch die Taktzahl in der wichtigsten Hauptstadt Europas ist ungleich höher als im meist friedlichen Kiel.

Aus naheliegenden Gründen habe ich für die Recherche zu diesem Buch einen Google-Alert für Robert Habeck angelegt, werde also benachrichtigt, wann immer er im Netz zitiert wird, ein Interview gegeben oder selbst einen Text verfasst hat. Talkshowauftritte bekommt man auf diesem Weg ebenfalls mit, kurze Rundfunk- und Fernsehstatements allerdings nicht. Innerhalb von zehn Tagen, in dem willkürlich gegriffenen Zeitraum zwischen dem 15. und dem 25. Januar 2021, wird Robert Habeck zitiert oder interviewt in der *ZEIT*, im *Nürnberger Blatt*, bei *New-Facts.eu*, in der *WirtschaftsWoche*, im *Deutschlandfunk*, bei *agrarheute.com*, in der *Frankfurter Rundschau*, in *n-tv Nachrichten*, in *tagesschau.de*, im *Tagesspiegel*, auf *perlentaucher.de*, auf *NOZ.de*, in der *Berliner Morgenpost*, im *WDR*, auf *BR24*, auf *merkur.de*, auf *RTL online*, im *Handelsblatt*, auf *Focus online*, auf *ZEIT online*, auf *T-Online*, im *buchreport*, auf *news.de*, im *Spiegel*, auf *VRM*, auf *hr-Info*, beim *Redaktionsnetzwerk Deutschland*, auf *FAZ.net*, in der *Welt* und auf *Welt online*. Auf etlichen der genannten Kanäle kommt Habeck mehrfach vor; einige eher obskure Seiten habe ich weggelassen. Im *ZDF-Politbarometer* belegt er Platz sechs hinter Merkel, Spahn, Söder, Scholz und Maas.

In den ausgewählten zehn Tagen geht es um diese Themen: Absage an Grün-Rot-Rot; Habecks und Baerbocks gemeinsame Position zu einer neuen transatlantischen Agenda; um das »Duell zwischen Habeck und Baerbock«; um eine Neuübersetzung von George Orwells Dystopie *1984*, zu der Habeck ein Vorwort geschrieben hat; um eine Politik »ohne Predigten und erhobenen Zeigefinger« (Interview); um ein Gespräch über »Literatur, Quarantäne und das moderne Verständnis von Macht« gemeinsam mit der Tennisspielerin Andrea Petković; um Forderungen der »Unabhängigen Grünen Linken«, Habeck und Baerbock sollten auf die Kanzlerkandidatur verzichten; um Robert Habeck privat (»Vegetarier, Familienvater, Autor«), um »mehr Europa im Kampf gegen die Pandemie« (Habeck ruft dazu auf); um Habecks neues Buch in der *Spiegel*-Bestsellerliste; um Charisma; um Habecks Haltung zur Verhaftung Alexej Nawalnys (»inakzeptabel und rechtswidrig«); um einen gesetzlichen Anspruch auf

Homeoffice (»wir waren schon mal weiter«); um die USA (»ich freue mich, dass die Regierung Trump weg ist«), um die Frage, ob man als Feministin für Robert Habeck als Kanzlerkandidaten der Grünen sein dürfe (die die *ZEIT* mit »ja« beantwortet); um eine Habeck-»Attacke« auf Söder; um die großen Aufgaben, vor denen der neue CDU-Vorsitzende Armin Laschet stehe; um den Ausgleich zwischen Lebensmittelproduktion und Naturschutz; um »Identitätsfuror« und »Moralüberschuss« (Robert Habeck spricht darüber); um einen neuen Markt für ökologische Dienstleistungen *(agrarheute.com);* um die Entscheidung zwischen »bürgerlich« und »links«; um die Abkehr von der strikten Schuldenbremse – und um den Preis des Erfolges grün-liberaler Ideen (in der *ZEIT*). So geht es auch danach weiter, Tag für Tag für Tag.

Die Zahl der Themen, die Geschwindigkeit der Berichterstattung können atemlos machen. Es ist kein Wunder, dass Menschen, die im Zentrum der politischen Beobachtung stehen, auf diese Dauer-(Über-)Forderung mit einer hermetischen Sprache, mit sicheren und erprobten Textversatzstücken reagieren. Auch Robert Habeck tut das notgedrungen, hat er doch erlebt, welchen Ärger man sich durch eine einzige (oder gar zwei) unbedachte Äußerungen einhandeln kann: Sowohl vor den Landtagswahlen in Bayern 2018 als auch vor der Wahl in Thüringen 2019 hatte er in Videostatements die Hoffnung geäußert, dass in diesen Ländern bald demokratische Verhältnisse einkehren würden. Als ob das bisher nicht der Fall sei und als ob die Grünen in

Thüringen nicht sogar an der Landesregierung beteiligt wären. Für diesen Lapsus wurde Habeck umfangreich in die Pfanne gehauen und zog sich auch aus diesem Grund von Twitter und Facebook zurück, was ihm allerdings weitere Kritik einbrachte. Heute bedient er den Hunger der sozialen Netzwerke vor allem durch Bilder auf seinem Instagram-Account. Für Habeck, der ja um (fast) jeden Preis authentisch und unverstellt wirken möchte, ist der Zwang zur abgesicherten Sprache eine Fessel. Spontanität bringt er inzwischen vor allem durch Sportmetaphern und Formeln wie »Wenn ich das sagen darf« zum Ausdruck. In der zweiten Januarhälfte 2021 saß er in drei großen Talkshows: Bei *3 nach 9*, bei *Anne Will* und bei *Maischberger – die Woche*.

Bei *3 nach 9* darf er sein neues Buch *Von hier an anders* vorstellen. Gastgeber und *ZEIT*-Chefredakteur Giovanni di Lorenzo wirkt wie stets weich und zugewandt – aber er ist ein Meister darin, seinen Gästen hintenrum fröhlich eins zu verpassen. Habeck begrüßt er mit den Worten: »Wollen wir versuchen, ein ganz ehrliches Interview zu führen?«

Habeck: »Auf jeden Fall!«

Di Lorenzo: »Wir treffen eine Abmachung: Wenn Sie das Gefühl haben, jetzt kann ich nicht ehrlich sein, dann brechen wir ab, dann stelle ich die nächste Frage.«

Ein kniffliges Problem für einen Menschen mit Charakter. Der müsste eigentlich sagen: »Das klingt ja, als ob ich meistens nicht ehrlich wäre. Was für eine Unterstellung! Und dass man als Politiker manche Dinge nicht zur Unzeit sagen kann, wissen Sie doch selbst!«

Das allerdings wäre ein schlimmer Bruch der ungeschriebenen Talkshow-Regeln, die besagen, dass der Gast niemals, niemals, niemals den Moderator oder die Inszenierung kritisieren darf. »Was für eine blöde Frage« darf man nicht sagen, sonst wird man garantiert nie wieder eingeladen. Und so antwortet der Vorsitzende der Grünen, der sich doch nie verbiegen, der doch immer aufrecht und klar sein möchte, artig: »Auf jeden Fall!« Danach wird dann harmlos über das Buch geplaudert, und zwar nicht über die (unter uns gesagt) ziemlich langweiligen und nach Referentendeutsch klingenden Passagen zu Demografie, »Dividende der Digitalgesellschaft« und »Repräsentation und Repräsentativität«, sondern über talkshowkompatible Anekdoten, die dann auch erzählt werden: Wie Habeck, zum Beispiel, mit Polizisten auf Streife geht und dabei erlebt, dass das doch wirklich ganz anständige Menschen sind, die sogar mit einem stinkenden Obdachlosen respektvoll umgehen. Oder wie Habeck in einem Regionalexpress von einem Mitpassagier angepöbelt wird und wie andere Mitreisende ihm zu Hilfe kommen – ein wunderbares Lehrstück zivilgesellschaftlicher Verantwortungsübernahme. *3 nach 9*-Zuschauer (und *ZEIT*-Leser) lieben solche Geschichten.

Di Lorenzo verzichtet demonstrativ darauf, Habeck danach zu fragen, wer denn nun Kanzlerkandidat der Grünen werde: vermutlich in der richtigen Annahme, dass Habeck darauf höchstens verklausuliert antworten könnte, um seine Co-Vorsitzende und seine Partei nicht vor den Kopf zu stoßen. Monatelang hörte man zu dem Thema nur, dass beide, Robert Habeck und Annalena Baerbock, sich das Amt zutrauten. Di Lorenzos Nicht-Insistieren entlockt Habeck immerhin den bemerkenswerten Satz: »Ohne Konkurrenz wäre es ja langweilig und auch nicht interessant.«

Relativ langweilig und nicht besonders interessant ist die Rolle, die Robert Habeck wenige Tage später bei *Anne Will* zu spielen hat. Es geht, wie fast ausschließlich im Winter 2020/21, um die Coronakrise und die umstrittene Politik der Bundesregierung, um das Desaster beim Impfen und die fortdauernden Freiheitsbeschränkungen. An Wills Talkshowgestaltung zeigt sich ein Problem, mit dem Habeck schon in seiner gesamten Vorsitzendenzeit zu kämpfen hat: Er ist weder Ministerpräsident, noch hat er ein Bundestagsmandat. Anne Will beschäftigt sich ausgiebig mit Volker Bouffier, dem Ministerpräsidenten von Hessen; außerdem mit Armin Laschet, dem nordrhein-westfälischen Ministerpräsidenten und frisch gewählten CDU-Vorsitzenden sowie mit dem CSU-Vorsitzenden und bayerischen Ministerpräsidenten Markus Söder. Die SPD-Vorsitzende Saskia Esken gehört immerhin dem Koalitionsausschuss der Großen Koalition an und verhandelt mit der Kanzlerin; Christian Lindner ist Parteivorsitzender und Fraktionschef der FDP im Bundestag.

In der Hackordnung der exekutiven Wichtigkeit steht Habeck bei diesem Versuchsaufbau ganz unten – da mögen alle Umfragen des Augenblicks noch so verheißungsvoll klingen. In der Krisenexekutive hat er nichts zu melden, gehört er nicht dazu, und ich vermute, es liegt ihm nicht so besonders, nicht der Star einer Veranstaltung zu sein.

Der konfrontativen Frage von Christian Lindner, warum die Grünen eine von der FDP beantragte Sondersitzung des Bundestages zu den Coronamaßnahmen der Bundesregierung verhindert haben (mindestens ein Viertel der Abgeordneten muss dafür stimmen, damit sie zustande kommt, die Grünen machten aus fadenscheinigen Gründen nicht mit), kann er mit etwas Glück ausweichen. Lindner piesackt den Grünen-Vorsitzenden überhaupt gern mal in Talkshows – auch mit Sachfragen, die dessen mangelnde Detailkenntnis bei allen möglichen Themen illustrieren sollen.

Immerhin durchbricht Habeck den Exekutivkonsens der Sendung an einer Stelle, und das ist dann wieder so ein Moment, wo man ihn einfach mögen muss: Es habe sich ein falscher, »stolzer Ton« in die Regierungsverlautbarungen eingeschlichen, sagt er. »So nach dem Motto: Wir haben alles im Griff, und ihr, böse Bevölkerung, gehorcht nicht.« Tatsächlich seien die Bürger mündig, und sie litten. An dieser Stelle wäre es allerdings an der Moderatorin gewesen, nachzufragen, wie sich eine solche (richtige) Wahrnehmung mit der Debattenverweigerung im Bundestag und der übereifrigen Gefolgschaft verträgt, die die Grünen der Bundeskanzlerin seit einem Jahr kostenlos leisten. Aber Vertiefung ist eben nicht die Stärke des Formats.

Sandra Maischberger – die Woche folgt einem etwas anderen Versuchsaufbau. Die Talkshow soll nicht monothematisch sein, deshalb gibt es zwei unterschiedliche, längere Themenblöcke und zwei Panelrunden mit Journalisten, Kabarettisten und Bloggerinnen, die alles kommentieren, was nicht niet- und nagelfest ist. Die späte Sendezeit, oft nach 23 Uhr, erlaubt leider keine Quoten-Höhenflüge. Dabei hat Sandra Maischberger eine sehr angenehme Form des Interviews entwickelt: Sie geht selten konfrontativ vor, sie unterstellt dem Gegenüber nicht von vorneherein schlechte Absichten, sie hört tatsächlich zu, und nur wenn eine Antwort allzu ausweichend oder gar kontrafaktisch ausfällt, hakt sie nach, höflich, aber dann unnachgiebig. Das bringt ihre Gesprächspartner häufig mehr in Bedrängnis als der Frontalangriff. Sympathien kann die Moderatorin allerdings schlecht verbergen. Und so strahlt sie Robert Habeck sonnig an, während sie ihn zu durchaus heiklen Antworten verleitet. Zunächst geht es um Donald Trump, dessen Rede auf dem Weltwirtschaftsforum in Davos 2020 Robert Habeck in harschen Worten kritisiert hatte: »Desaster! Selbstlob! Ignoranz! Die schlechteste Rede, die ich je gehört habe!«, rief er in die Handykamera von Katrin Eigendorf *(ZDF)*. Maischberger will nun wissen, ob er das auch in Regierungsverantwortung getan haben würde, und wie offen man »diplomatisches Porzellan kaputt schlagen« dürfe. Noch bevor sie zu Ende sprechen kann, ruft Habeck: »Ich hatte recht!« Er habe »weise gesprochen«. Er ist der Meinung, »ein bisschen mehr Klartext« gegenüber dem 45. amerikanischen Präsidenten hätte auch schon zu dessen Amtszeit gut getan und nicht erst danach.

Der chinesische Staatspräsident Xi Jinping?

»Xi und China sind strategischer und politischer Gegner Europas«, doziert Habeck.

Boris Johnson?

»Der Brexit war falsch«, sagt Habeck. Johnson habe zu den Populisten gehört, die gegen besseres Wissen den Weg der Emotionalisierung gegangen seien.

Dann fragt Maischberger nach Angela Merkel. Und es fallen bemerkenswerte Sätze aus dem Mund des Grünen-Vorsitzenden (dessen Partei zu diesem Zeitpunkt noch die kleinste Fraktion im Bundestag stellt und eindeutig zur Opposition gehört). Merkel sei im Prinzip in der Coronakrise den richtigen Weg gegangen: »Wenn man ehrlich ist, hat sie an vielen Stellen das Richtige gesagt und konnte sich nur nicht durchsetzen.«

Dem Spott des Parlamentarischen Geschäftsführers der SPD-Bundestagsfraktion, Carsten Schneider, die Grünen benähmen sich wie die Regierungssprecher der CDU, und dem Ratschlag des Grünen-Urgesteins Hans-Christian Ströbele, man solle nicht schon vor Koalitionsverhandlungen so tun, als ob man sich einig sei, hält er entgegen: Nur weil die Regierung »hüh« sage, müssten die Grünen nicht »hott« antworten. »Das ist alberne Politik, darauf habe ich keinen Bock.« Merkel und ihr Kanzleramtschef Helge Braun konzentrierten sich auf die Wirklichkeit und die notwendigen Lösungen, sagt Habeck: »Ähnlich sehen wir Grünen das auch.«

Maischberger fragt irritiert nach: »Also die CDU und Sie vertreten die Vernunft, und alle anderen sind uneinsichtig?« Das will Habeck so nicht gesagt haben, aber doch hat er allen Merkelwählern signalisiert, dass die

Grünen bereitstehen, das Merkel-Erbe anzutreten, wenn die Königin sich in den Ruhestand verabschiedet. Ganz offenbar bereitet ihm seine eigene Aussage von vor 14 Tagen, bei den Regierenden habe sich ein unangenehm »stolzer Ton« eingeschlichen, der die eigenen Leistungen feiere und die Bürger wie ungezogene Kinder behandle, keinerlei Schmerzen. Heute stehen seiner Meinung nach Merkel und ihr Kanzleramtschef für die Konzentration auf die Probleme der Wirklichkeit und für erfolgreiche Lösungen – obwohl draußen in Deutschland weiterhin Altenheime zu Todesfallen werden, obwohl absolutes Chaos bei der Vergabe von Impfterminen herrscht, obwohl die Gesundheitsämter auch nach einem Jahr keine belastbaren Coronazahlen liefern, obwohl das Gesundheitsministerium von Masken über Impfstoff bis zu Tests alles versemmelt, obwohl die Staatshilfen nicht bei den gebeutelten Betrieben ankommen, obwohl eine Pleiteweile ungeahnten Ausmaßes droht, obwohl Kinder ein Jahr ihrer Entwicklung und ihres Bildungslebens verlieren, obwohl Eltern am Stock gehen, obwohl junge und alte Singles vereinsamen, obwohl Kunst und Kultur zur Fußnote der Geschichte degradiert sind, obwohl Sport und Fitness jetzt zu den Gesundheitsgefahren gerechnet werden, obwohl die Stimmung auf den Nullpunkt zustrebt.

In diesen Tagen steht man an einem abgesägten Baumstumpf in Berlin-Kreuzberg, schlingt in Eiseskälte einen Burger mit Biofleisch herunter (so viel schlechtes Gewissen muss sein) und nimmt mit Staunen zur Kenntnis, was die Grünen und das Bundeskanzleramt für Wirklichkeit halten. Leider ist Maischbergers Sendung nicht lang genug, dass sie diesen Widerspruch kunstgerecht aufzeigen könnte. Er kommt damit durch. Vielleicht auch deshalb, weil solche Widersprüche harmlos erscheinen, vergleicht man sie mit den zahlreichen Volten etwa eines Markus Söder, der heute A sagt und am nächsten Tag B.

Der mediale Umgang mit Robert Habeck lässt sich grob in sechs Phasen einteilen, die zeitlich aufeinander folgen; die Art, wie Journalisten grundsätzlich mit ihm Interviews führen, ist eine eigene Kategorie. 2018, nach der Wahl Habecks und Baerbocks zum Parteivorsitzenden-Dreamteam, dominieren in Phase eins die »Geil!«-Artikel (*Spiegel*-Überschrift). Dass Annalena Baerbock Habeck wegbeißen und selbst Kanzlerkandidatin der Grünen werden könnte, erscheint zu diesem Zeitpunkt noch undenkbar. Alles ist pure Harmonie in der Doppelspitze. Aber es besteht kein Zweifel daran, wer intellektuell führt. »Robert Habeck will die Grünen zur Volkspartei machen«, schreibt Christoph Hickmann im *Spiegel:* »Dafür mutet er ihnen Debatten über Gentechnik und Patriotismus zu.« Habeck habe natürlich nicht allein das Sagen, schreibt Hickmann im August 2018, er sei ja Teil einer Doppelspitze: »Habecks Co-Vorsitzende heißt Annalena Baerbock, sie ist eine kluge, kundige Bundestagsabgeordnete, aber sie ist eben kein Popstar. Eine gewisse Dysbalance ist da angelegt, aber Habeck hat verstanden, was das heißt. Bloß nicht den Macker raushängen lassen. Er schiebt Baerbock nach vorn, wo es nur geht, er betont, wie gut er mit der Annalena zusammenarbeitet.«

Als ich 2019 für dieses Buch zu recherchieren beginne, hat sich das schon grundlegend geändert: Die Parteisprecherin kann mir leider weder als Buchautorin noch als *Welt*-Journalistin einen Termin mit Baerbock organisieren. Deren Spin wird später in vielen Medien aufgenommen: Wenn sie Kanzlerkandidatin werden wolle, dann werde sie das auch. Habeck betont immer noch die gute Zusammenarbeit, aber Anfang des Jahres 2021 sieht er sich genötigt, in Interviews zu betonen, dass man sich einig sei, dass Annalena nicht die Frauenkarte ziehen werde. Im Übrigen sei ihre Konkurrenz ein ganz normaler freundschaftlicher Wettbewerb, ganz anders als das Urwahl-Spektakel 2017.

Noch im August 2018 kriegte sich der *Spiegel*-Autor Christoph Hickmann gar nicht wieder ein: »Fischer und Trittin haben den Zeitgeist geprägt, geformt, mühsam, im zähen Kampf, immer im Avantgarde-Modus«, schreibt er. »Habeck *ist* der Zeitgeist. Er verkörpert ihn, zumindest seinen mittig-linken Teil.« Und: »Um so etwas wie eine Volkspartei zu werden, brauchen die Grünen wohl einen Mann Ende vierzig, der sich selbst ziemlich gut findet, so aussieht, als wäre er aus einem Jack-Wolfskin-Katalog gefallen, und es hinbekommt, Chef einer Partei zu sein, dabei aber immer zugleich ein Stück neben dieser Partei zu stehen.«

Im Mai 2019, nachdem die Grünen bei der Europawahl mit 20,5 Prozent auf Platz zwei hinter CDU/CSU (28,9 Prozent) und vor der SPD (15,8 Prozent) gelandet sind, fragt der *stern:* »Kann ER Kanzler werden?«, und antwortet sich selbst auf dem Magazin-Cover mit einer weiteren Frage: »Warum eigentlich nicht?« Weiter heißt es: »Auf Robert Habeck kommt nach dem Triumph seiner Partei bei der Europawahl zwangsläufig die Rolle des Herausforderers zu.« Nach einer siebenseitigen, bilderstarken, extrem schmeichelhaften Geschichte kommt der *stern* zu dem Schluss: »Einer wie Robert Habeck kann Kanzler werden – was unmöglich war, ist denkbar geworden.« Dazu gibt es ein Interview mit einem PR-Experten, der Habeck mit Macron vergleicht und sagt: »Er verkörpert eine gewisse intellektuelle Tiefe, ohne sich ständig konfrontativ abzusetzen (…). Er ist jemand, der Mut macht, Politik zu gestalten.«

Nach der ersten »Geil!«-Phase (und zeitlich überlappend mit ihr) beginnen vor allem Journalist*innen* zu beschreiben, was an Habeck anders, interessanter, besser ist als an anderen Politikern. Im Lichte dieser Artikel lässt sich das Verliebtheits-Bonmot des schleswig-holsteinischen Ministerpräsidenten Günther dann doch nachvollziehen. Wir befinden uns in Phase zwei. Die Kabarettistin Sophie Passmann beschreibt in ihrem Buch *Alte Weiße Männer* (2019), wie sie mit Robert Habeck an der Spree sitzt und ihn, nun ja, anhimmelt. Das Ganze ist witzig und ein bisschen ironisch, aber Habeck ist schon »der Mann, der mich dazu bringt, dass ich die eigentlich total abgedroschene Floskel des Politik-Superstars wiederbeleben möchte«. Cool und lässig wirke Habeck, wie einer, »mit dem man gerne mal ein Bier trinken gehen möchte«. Und hinterher? Habeck sei keiner, der »gefällige Berufspolitikersätze« raushaue, bei ihm sei viel mehr alles »hardcore Metaphysik«. Alles in allem sei es wünschenswert, mit Robert Habeck gesehen zu werden, resümiert Passmann: »Er ist einer von den Guten.«

Die *ZEIT*-Autorin Jana Hensel lobt sogar die Löcher in Robert Habecks Socken, die sie bei einer Zugfahrt erspäht, als sie ihn für eine Reportage begleitet: »Ihm selbst ist daran nichts peinlich. Er blickt einen an, als seien Löcher in den Socken das Normalste der Welt.« Hensel beobachtet: »Innerlich scheint er immer bemüht, die Wellen, die er macht, zu besänftigen, das Tempo rauszunehmen, einen Alltag zu imitieren, dem er längst entwachsen ist.« Sie berichtet von einer Diskussion zwischen Habeck und dem Soziologen Harald Welzer in Köln. Beide haben Bücher über Alternativentwürfe zur bestehenden Politik und Gesellschafsordnung geschrieben. Über Habeck sagt Hensel: »Selten aber ist jemand dabei, bei dem diese Aufgabe – die Rettung der Welt – so eindeutig ins Jobprofil passt. Von dem immer mehr Menschen erwarten, dass wirklich alles anders wird.«

Ende 2019, Anfang 2020 nutzen sich Habecks Understatement und seine Authentizitäts-Pose langsam ab, es beginnt Phase drei. Julia Amalia Heyer schreibt im *Spiegel:* »Es ist nur so, dass das Guter-Typ-Sein irgendwann an seine Grenzen gelangt.« Und: »Es wird bald nicht mehr darum gehen, wie Habeck spricht. Sondern um das, was er zu sagen hat.« Und: »Die Frage ist nur, wie lange er es sich leisten kann, die Pendlerpauschale nicht richtig erklären zu können.« Und: »Die Anekdote ist gut (...) Die Sache ist nur, man kennt das jetzt langsam.« Und: »Dieser Quasi-Kanzler wird sich jedenfalls sehr bald sehr gut auskennen müssen, nicht nur bei Landwirtschaft und Energie, sondern auch in Wirtschafts-, Sozial- und Außenpolitik. Es wird nicht mehr reichen, Probleme und Fragen in schönen Worten und großen Bögen zu umschreiben, es wird um Details gehen müssen.«

Roman Deininger formuliert sein Fazit einer Robert-Habeck-Begleitung für die *Süddeutsche Zeitung* im März 2020 so: »Die Grünen haben im Großen häufig recht. Mit dem Kleinen belasten sie sich womöglich nicht ganz so gern. (...) Vielleicht raffen einige Wähler sich noch zu gesunder Strenge auf – und kommen zum Ergebnis, dass die Grünen es sich ein wenig zu leicht machen.«

Dieser Satz ist auf Robert Habeck gemünzt. Constanze von Bullion schreibt ebenfalls in der *Süddeutschen:* »Wenn Habeck mehr sein will als der Brad Pitt der deutschen Linken, wird er ein wenig nachlegen müssen.«

Im Coronajahr 2020 (Phase vier) findet Habeck zunächst keine überzeugende Rolle – was auch schwer ist, denn er hat nun einmal keine exekutive Funktion, er kann nichts managen oder demonstrativ in den Griff bekommen. Von der Seitenlinie kommentieren möchte er nicht. »Die Grünen sacken in den Umfragen ab«, heißt es im *Focus:* »Ihr Hoffnungsträger wirkt fahrig und randständig.« Mal lobe er die Regierung wie ein Ministrant, schreibt Wolfram Weimer. »Dann kritisiert er sie wegen Kleinigkeiten wie ein Nörgler.« Für Habeck werde Corona zur persönlichen Niederlage: »Habeck liest *Die Pest,* während andere die Pest unserer Tage bekämpfen. Er postet auf Instagram ein Foto, wie er sich selbst die Haare schneidet, während Olaf Scholz einen Billionen-Rettungsschirm über der Republik aufspannt.«

Mit dieser Einschätzung hat Weimer einerseits recht. Aber so ganz daneben liegt Habeck im April 2020 auch nicht. Viele, gerade viele junge Menschen, lesen in diesem Frühjahr zum ersten Mal *Die Pest* von Albert Camus. Und das Thema »Haareschneiden« wird im Winter 2020/2021 tatsächlich zum Politikum – weil Angela Merkel stets frisch geschnitten und geföhnt vor die Kameras tritt, während die downgelockte Restbevölkerung sich langsam, aber sicher in eine Herde von Yaks verwandelt.

Für Claus Christian Malzahn von der *Welt* ist Robert Habeck im April 2020 schon der »Ex-Kanzlerkandidat«. Der Grünen-Kenner trägt Habecks strategische Fehler und Schwächen in der Coronakrise zusammen. Führung gehe anders, zitiert er Habecks innerparteiliche Kritiker – auch das böse Wort vom »Leichtmatrosen« sei gefallen. »Dass er im vorherigen Sommer (2019) noch für viele der Kanzler der Herzen war, nutzt ihm in diesem Zusammenhang wenig«, schreibt Malzahn.

Habeck indessen hat seine zeitweise Selbstabschaltung in der Krise genutzt, um sein neuestes Buch *(Von hier an anders)* zu schreiben. Er hat sein eigenes Verhalten in der nicht erklärten Konkurrenzsituation mit Annalena Baerbock reflektiert und festgestellt, dass die Situation »scheiße« sei; dass ihn der Versuch, nicht konkurrierend aufzutreten, in die Lethargie und aufs Sofa getrieben habe. Seit Kurzem, sagt er im November

2020 am Telefon, sei er aber wieder »volle Kanne« dabei, und man solle doch einmal sehen, wer häufiger in die Talkshows eingeladen werde. Bei *Maischberger* erklärt er, dass er sich geprüft habe und sich »Kanzler« zutraue. Die Partei reagiere positiv auf seinen neuen Schwung, seine Entschlossenheit, sagt Habeck.

Die Medien reagieren ebenfalls positiv: Wir befinden uns in Phase fünf, nach der Coronaphase vier. Im Januar 2021 ist Habeck auf allen Kanälen. Jana Hensel erläutert in der *ZEIT,* warum auch eine Feministin den grünen Mann wählen könne. Und die Politikchefin der Hamburger Wochenzeitung, Elisabeth Raether, zeigt in einem ebenso kurzweiligen wie scharfsinnigen Text, warum Robert Habeck – im Gegensatz zu Armin Laschet, Olaf Scholz und Annalena Baerbock – Charisma hat und warum das auch gut so ist. »Er spricht über Politik als ein Wertesystem, nicht als Verwaltungsjob«, schreibt sie. »Dass Politikerinnen und Politiker sich (...) gegenseitig versichern, auf das politische Mittel der Begeisterung könne man ruhig verzichten – man bekommt Lust, aus Protest einzuschlafen.«

Journalist*innen sind in der Regel so glücklich darüber, Robert Habeck interviewen zu dürfen, dass sie ihn kaum jemals mit kritischen Fragen belästigen. Manchmal scheint es absurderweise so, als müsse sich Habeck all der Steilvorlagen und Einladungen, sich *noch* besser zu präsentieren, geradezu erwehren.

Fragen wie »Sie kritisieren das alte linke Konzept der gesellschaftlichen Avantgarde?« sind nicht gerade hardcore-investigativ; ebenso wenig wie »Aber die Volkspartei SPD erodiert nun mal: Fühlen Sie sich in die Pflicht genommen, die neue führende Kraft im linksliberalen Spektrum zu werden?« Schön auch: »Stimmt es, dass Sie zur Not ein Stück Fleisch mitessen, wenn Sie einen Gastgeber nicht vor den Kopf stoßen wollen?«

Andere fragen: »Mit Ihrem neuen Buch greifen Sie mitten hinein in aktuelle Diskurse. Gibt es bei Ihnen manchmal das Gefühl: Ach, es war doch schöner, sich um Hölderlin zu kümmern statt um den Klimawandel?« Oder: »Wie nimmt man, wie es immer so schön heißt, die Leute mit?«, oder: »Würden Sie sagen, der identitätspolitische Diskurs hat Übertreibungen hervorgebracht?«

»Es geht Ihnen um eine Politik gegen die Fliehkräfte der Gesellschaft?«

»Sind die Grünen in der Lage, um die führende Rolle in diesem Land zu kämpfen?«

»Kann man SUVs eigentlich auch verbieten?«

»Hat die Globalisierung ihren Höhepunkt überschritten?«

»Finden Sie es eigentlich richtig, dass der Steuerzahler die Kurzarbeitergehälter bei BMW finanziert, und nicht Anteilseigner, also beispielsweise Frau Klatten?«

»Können Sie es ertragen, dass der Bundestag immer noch im ›Reichstag‹ sitzt?«

»Sie wollen auch als Parteivorsitzender den Abwehrkampf des Humanisten weiterführen?«

»Im Moment werden klassische Grünen-Themen wie etwa der Klimaschutz von Corona überlagert – wie wollen Sie das ändern?«

Positiv interpretiert kann man sagen, dass die Journalist*innen mit Habeck eher das vertiefende Gespräch suchen, als ihn zu agenturverwertbaren Zitaten zu nötigen. Das fast vollständige Fehlen harter, kritischer Nachfragen – vor allem zu Habecks widersprüchlichen Aussagen – lässt sich auf eine naheliegende Art deuten: Viele Medienleute hegen selbst Sympathien für die Grünen und teilen insgeheim das immer noch durchaus dirigistische Weltbild der Ökopartei. Robert Habeck ist gerade für sie die ideale Projektionsfläche. Sie kommen gar nicht auf den Gedanken, ihm im Gespräch Schwierigkeiten zu machen. Wollte man den Habeck-Interview-Modus karikieren, könnte man wohl sagen: Die Frage, die alle Fragen an Robert Habeck zusammenfasst, lautet: »Warum sind Sie eigentlich nicht noch toller?«

Doch nachdem Annalena Baerbock zur Kanzlerkandidatin der Grünen gekürt ist, beginnt für Robert Habeck eine frustrierende Zeit (Phase sechs): Er muss nun zusehen, wie das mediale Interesse radikal auf Baerbock umschwenkt; er beobachtet, wie nun ihr die freundlichen Fragen gestellt und die Kränze gewunden werden. Das ist die Konsequenz von »Am Ende kann es nur eine machen«, und angesichts des Ehrgeizes und der Leidenschaft, die Habeck in die Kanzlerschaft gesteckt hat, dürfte das mehr bedeuten als nur einen »kleinen Stich ins Herz«, wie Annalena Baerbock es im Vorfeld der Nominierung für die Unterlegene vorausgesagt hatte.

9. KAPITEL

Freund und Feind: Die Methode Habeck

ROBERT HABECK WIRD VON VIELEN gemocht, und er mag es, gemocht zu werden. Aber trotz seines Images als Lieblingsschwiegersohn der Nation erfährt er natürlich keine ungeteilte Zustimmung. Gerade rollenunsichere Männer reagieren aggressiv auf Habecks softe, aber dennoch männliche, outdoor-orientierte Ausstrahlung. Und etliche Zeitgenossen irritiert er auch mit seiner mitunter wolkigen »Alle-sollen-sich-wohlfühlen«-Rhetorik. Im ohnehin unhöflichen Internet gehören Kommentare wie »Blender« oder »Schwadroneur« noch zu den harmloseren Anmerkungen. Habeck polarisiert, weil man auch unter all seiner Nettigkeit spürt, für wie überlegen er mitunter seine gesellschaftspolitischen Vorstellungen hält. Leute, die nicht seiner Meinung sind, finden das bedrohlich.

Der Grünen-Vorsitzende stellt es gern so dar, als sei seine steile Parteikarriere eine Verkettung von glücklichen Zufällen; tatsächlich ist sie eher das Ergebnis von gut kaschierter Zielstrebigkeit und erheblichem Einsatz. Habeck hat kein Problem damit, dass andere in seinem Interesse zurückstecken müssen. »Er hält sich für Gottes Geschenk an die Menschheit«, sagt ein Grünen-naher Politikwissenschaftler, der es sich mit niemandem verscherzen und deshalb anonym bleiben möchte.

Erstaunlich oft geht es in längeren Gesprächen um Habecks Ehrgeiz. Sein Schauspiellehrer erinnert sich an Habecks robuste Art, um die männlichen Hauptrollen zu konkurrieren. Sein Freund Krischi lobt ihn in den höchsten Tönen, nennt ihn aber nicht ohne Grund einen »Schnellchecker und Gutausseher«.

Die Landtagsabgeordnete Marlies Fritzen bildete mit ihm bis 2009 die Grünen-Doppelspitze im schleswig-holsteinischen Landesvorstand der Grünen. In dieser Zeit übernahm Habecks Freundeskreis mit viel Schwung die Landespartei. Eka von Kalben folgte Habeck als Landesvorsitzende und 2012 als Fraktionsvorsitzende nach, Konstantin von Notz und Luise Amtsberg wurden Bundestagsabgeordnete, Anke Erdmann Staatssekretärin.

Marlies Fritzen gehörte nicht zur »Clique« – und war von ihrem Co-Vorsitzenden offenbar auch so wenig begeistert, dass sie offen und deutlich Annalena Baerbock als grüne Kanzlerkandidatin unterstützte. Im Gespräch mit Fritzen kann man den Eindruck gewinnen, dass ihr Habecks Machtwille geradezu unheimlich ist.

Der langjährige Chef der Landtagsfraktion Karl-Martin Hentschel, der mit seiner linken Gesinnung nicht zu Habecks Vorstellung von einer modernen, mittigen und schicken grünen Partei passte, wurde auf dem Listenparteitag zur Landtagswahl 2009 schlicht abgewählt.

Auch Hentschel redet heute nur gut über Habeck, aber er beschreibt eine Vorgehensweise, mit der Habeck wiederholt erfolgreich war: »Als Robert mir 2007 auf einer Konferenz in Neumünster in einem persönlichen Gespräch ankündigte, dass er gegen mich kandidieren werde, war das schon ein harter Schlag«, sagte Karl-Martin Hentschel der Journalistin Claudia Reshöft: »Andererseits war es eine faire Ansage.«

Tatsächlich baut Habeck, so beschreiben es Freunde, einen gewissen Druck auf, wenn er seine fairen Vier-Augen-Gespräche führt. »Guck mal, hier bin ich«, signalisiere er dann, »ich würde den Job super machen, und am Ende profitieren wir alle.« Dem Konkurrenten schiebt er so die Verantwortung dafür zu, mit der eigenen, weniger strahlenden Persönlichkeit womöglich ein schlechteres Ergebnis für die Grünen zu holen. So machte er es nicht nur bei Hentschel, so machte er es wohl auch bei der grünen Spitzenfrau Monika Heinold, die er bei der Landtagswahl 2012 nicht als Co-Kandidatin neben sich haben wollte, obwohl sie auf Platz eins der Landesliste stand. Eine gewisse Genugtuung dürfte es dementsprechend für Heinold bedeutet haben, dass Habeck mit seiner Solonummer kein wesentlich besseres Ergebnis holte als die Doppelspitze 2009.

Auch gegenüber Konstantin von Notz brachte Habeck die »Methode« zum Einsatz, und zwar gleich zweimal: Zum ersten Mal, als er 2017 versuchte, Spitzenkandidat der Grünen bei der Bundestagswahl zu werden – und im Fall seines Erfolgs wie selbstverständlich den ersten Männerlistenplatz in Schleswig-Holstein für sich beanspruchte. Wegen seiner Niederlage gegen Özdemir kandidierte er dann aber nicht für den Bundestag, und Notz musste doch nicht Platz für Habeck machen. 2021 wiederholt sich die Geschichte: Nun tritt der Grünen-Vorsitzende im Wahlkreis 1 (Flensburg) für den Bundestag an – und selbstverständlich hat sein Freund auf der Landesliste erneut zurückzustehen. Der Listenplatz wird wichtig sein, denn den Wahlkreis direkt zu gewinnen gilt, selbst für Habeck, als unwahrscheinlich – wenn auch nicht unmöglich. Notz sieht das Ganze abgeklärt, er scheint weniger an der Politik zu hängen als der sich stets so entspannt gebende Habeck. Aber beim ersten Mal habe es schon »Kraft und Liebe« gekostet, Habecks Drängelei zu ertragen. Auf der anderen Seite, sagt von Notz, »ist man nur so erfolgreich wie Robert, wenn man einen so harten Zug zum Tor hat wie er«.

Auch gegenüber Cem Özdemir ging Habeck in gewohnter Weise vor, als es 2017 um die Spitzenkandidatur ging. Er rief Özdemir an und teilte ihm mit, dass das zwar jetzt irgendwie blöd sei, sich aber nicht vermeiden lasse: Er werde gegen Özdemir kandidieren. Formal kann man gegen eine solche Konkurrenz gar nichts einwenden, jeder Grüne hat schließlich das Recht, sich um jede Parteiposition zu bewerben. Aber aus der Perspektive des Angegriffenen, der jetzt plötzlich gegen Habecks Charme, sein Charisma und seine Entschlossenheit anzutreten hat, mag sich das trotzdem manchmal wie Nötigung anfühlen.

Özdemir, der als Parteivorsitzender zehn Jahre darum gekämpft hatte, die Grünen in die gesellschaftliche

Mitte zu führen und auch schwarz-grüne Koalitionen möglich zu machen, ließ sich jedenfalls nicht einschüchtern – und gewann den parteiinternen Mitgliederentscheid, wenn auch denkbar knapp.

Das Bundestagswahlergebnis des Grünen fiel dann mit 8,9 Prozent bekanntlich bescheidener aus als alle Umfragen vorher. Özdemir hatte nicht das Feuerwerk entfachen können, zu dem Habeck sich in der Lage glaubte. Der schaffte dann, nach kurzer Aufarbeitung seiner Enttäuschung, den Durchmarsch an die Parteispitze, was ihn näher an eine grüne Kanzlerschaft bringen sollte, als es 2017 überhaupt möglich gewesen wäre. »Und man muss ihm schon zugestehen: Er hat eine eisenharte Niederlage eingefahren«, sagt Konstantin von Notz. Vielleicht findet sich auch hier das Motiv wieder, kein »Lappen« sein zu wollen, vielmehr *tough* gegen sich selbst und *tough* gegen andere.

Während es Habeck im Allgemeinen hinzubekommen scheint, sich mit seinen Konkurrenten auch dann noch zu verstehen, wenn sie ihm Platz gemacht haben, fällt ihm bei Cem Özdemir Großzügigkeit offenbar schwer. Die aktuelle Parteispitze signalisierte dem profilierten Außenpolitiker jedenfalls permanent, dass er für nichts mehr besonders dringend gebraucht werde. Die Bundestagsfraktion schob den 55-Jährigen auf den Vorsitzendenposten im Verkehrsausschuss, ein wichtiger Ausschuss, sicher, aber doch eben keins der Felder, auf denen er brillieren konnte.

In der öffentlichen Festschrift zum 40-jährigen Bestehen der Grünen kommen alle Parteigranden ausgiebig vor, nicht aber Özdemir. Das wirkt kleinlich und wirft die Frage auf, warum Habeck, der als Parteivorsitzender insgesamt erfolgreich ist, an dieser Stelle nicht gönnen kann. Freilich hat auch Baerbock sich bisher nicht für Özdemir eingesetzt. Dessen Unterstützer (die es in Partei und Fraktion durchaus noch gibt) vermuten zum einen, dass im Hintergrund der Altlinke Jürgen Trittin die Strippen zieht – und der gönne Oberrealo Özdemir nun einmal nicht die Butter auf dem Brot. Habeck und Baerbock seien zwar ebenfalls zwei Realos, so lautet diese Lesart, hätten aber de facto den gemäßigten Flügel aufgegeben und blinkten in der Europa-, Verteidigungs- und Wirtschaftspolitik links, heimlich gesteuert von Trittin. Das ist eine überraschend andere Sorge als die Furcht mancher linker Grüner, Habeck führe die Partei zu sehr in Richtung CDU. Für die These vom verdeckten Linksruck spricht das neue Grundsatzprogramm der Grünen aus dem November 2020, das durchaus ökosozialistische Züge aufweist. Die bürgerlichen Mitte-Wähler werden mit Habecks Merkel-Loyalität und gefühligen Stimmungsbegriffen wie »Heimat« beruhigt, so das Kalkül, falls es für die Habecksche Kanzlerkandidatur denn eines gab.

Ein weiterer Grund für die Unerbittlichkeit gegen Cem Özdemir (und die hektische Aktivität, die entfaltet wurde, um 2019 dessen Wahl zum Fraktionsvorsitzenden zu verhindern) könnte sein, dass sich die neue Parteiführung nicht durch einen starken Fraktionsvorsitz stören lassen will – Anton Hofreiter und Katrin Göring-Eckardt stellten in dieser Hinsicht wohl die kleinere

Gefahr dar. Außerdem hasst es Habeck, wenn jemand das Augenmerk auf seine Schwächen lenkt. Das aber tut Özdemir, das tun vor allem dessen Freunde in der außen- und sicherheitspolitischen Community genüsslich. Gern wird die Anekdote erzählt, wie Habeck in einer »legendären« Telefonkonferenz der Deutschen Gesellschaft für Auswärtige Politik (DGAP) in kompletter Unkenntnis der Sachlage »UN-Friedenstruppen für Syrien« gefordert habe, weil die Amerikaner dort ihr Militär abgezogen hatten. Wie er sich außerdem in derselben Veranstaltung ohne Substanz und ohne Not von Joschka Fischer distanziert habe.

Habeck könne sich doch wirklich mal eine gute außen- und sicherheitspolitische Rede aufschreiben lassen, sagt ein grüner Experte genervt. Es sei ja kein Vorteil, frei zu sprechen, wenn man nicht wisse, worüber. Der Grünen-Vorsitzende wird sich dieser Unterströmung der Kritik sehr bewusst sein. Und weil sie nahezu ins Schwarze trifft, kann er Özdemir seine außenpolitische Kompetenz nicht verzeihen.

Habeck umgebe sich ausschließlich mit Jüngern, sagen die Skeptiker, er schirme sich gegen Einwände und Rat aus der Fraktion systematisch ab.

Zudem warnen Habecks Gegner mit maliziösem Lächeln vor einer »Zeitbombe«. Als der Schüler Johannes S. Ende 2018 die Facebook-Seiten, Amazon-Buchlisten und Mailkonten von etlichen Politikern, darunter auch von Robert Habeck, in rechtswidriger Weise offenlegte, sei genug Zeit gewesen, um die Posts von Habeck und seiner Familie zu sichern – »die *Bild*-Zeitung und die AfD werden das haben«, sagt ein Journalist, der den Eindruck erweckt, die Einträge gesehen zu haben. Noch gehöre es zum guten Ton in der Hauptstadt, auf dieses Material nicht zurückzugreifen, sagt der Bescheidwisser mit gespielter oder auch echter Sorge. Doch die Gefahr sei da. »Auch wenn alle Medien sich bislang daran halten, das Material nicht zu veröffentlichen, wissen im Bundestag die meisten genau, was über wen nun im Netz steht«, war in der *ZEIT* zu lesen. In Redaktionen kursieren Gerüchte über die Inhalte: der Stoff für eine Drohkulisse. Vielleicht hat Habeck sich nie hämisch über Özdemir oder andere Grüne geäußert. Wenn doch, wird er damit rechnen müssen, dass irgendjemand anfängt, die Daten auszuschlachten. Das könnte ein Risiko für ihn sein. Seine Hoffnung muss also darin bestehen, dass entweder doch niemand die angeblich heiklen Einlassungen gesichert hat – oder dass es ihm im Falle der Veröffentlichung gelänge, einen Tornado moralischer Entrüstung loszutreten, wenn so mit seiner Privatsphäre umgegangen würde. Aber diese Gefahr dürfte für die Nummer zwei hinter Kanzlerkandidatin Annalena Baerbock einstweilen gebannt sein. »Enthüllungen« über den Reserve-Kandidaten versprechen kein großes Aufsehen mehr. Alle Scheinwerfer leuchten jetzt »Annalena« an.

10. KAPITEL

Patzer und Peinlichkeiten

ROBERT HABECK WIRD bei öffentlichen Veranstaltungen, seien es Bürgerdialoge, Lesungen oder eine Versammlung der Landwirtschaftskammer, fast immer als freundlich, nachdenklich und sympathisch wahrgenommen. Er *ist* in diesen Situationen so, wie er sein Bild haben möchte.

Auf der Norla, einer großen Landwirtschaftsmesse in Schleswig-Holstein, stapfte er 2018 kurz vor seinem Umzug als Parteichef nach Berlin durch den strömenden Regen und gab sich jovial: kumpelhaft mit den Bauernverbandsfunktionären, charmant mit den Landfrauen. Ein Monster-Trecker oder ein Kälbchen als Fotohintergrund, alles wurde gern genommen. Nur ganz am Rande blitzte kurz ein etwas weniger netter Zug von Habeck auf. Mit von der Partie ist nämlich auch sein Nachfolger im Kieler Umweltministerium, der bisherige grüne Europaabgeordnete Jan Philipp Albrecht. Und so sehr Habeck Albrecht gegenüber Journalisten lobt und anpreist, so sehr lässt er ihn alt aussehen, als die beiden auf eine Rudermaschine gelockt werden, die für irgendein fortschrittliches landwirtschaftliches Anliegen wirbt. Habeck holt viel mehr Kraftpunkte, als es der eher ungelenke, ein wenig nerdig wirkende Albrecht schafft. Es ist eine Art Körperkonkurrenz, und Habeck kommuniziert nonverbal, wer das größere Kampfgewicht von beiden hat: er. Man kann sich in dem Augenblick auch wieder gut vorstellen, wem in der Schule mehr Mädchen hinterhergelaufen sind.

Wird der nette Robert auch mal böse? Kabinettskollegen aus Schleswig-Holstein und ehemalige Untergebene aus dem Kieler Umweltministerium wissen durchaus von unbeherrschten Momenten zu berichten. In einer der vielen Talkshows, in denen Habeck im Winter 2020/21 wieder auftrat, seit er beschlossen hatte, dass ganz bestimmt er und nicht seine Co-Vorsitzende die erste Kanzlerkandidatur für die Grünen übernehmen solle, erklärte er, dass er sich schon einmal aus taktischen Gründen künstlich aufgeregt habe, nämlich bei den Verhandlungen über eine Jamaika-Koalition in Schleswig-Holstein. Da habe, als die Dinge ins Stocken gerieten, einer mit Abbruch der Gespräche drohen und die Tür hinter sich zuschlagen müssen. Das sei halt er gewesen. Danach sei es dann konstruktiv weitergegangen.

Vor dem Hintergrund dieser Aussage muss man sich einige andere Ausraster von Robert Habeck genauer anschauen, die, unkritisch betrachtet, natürlich auch als Ausweise aufrichtiger Entrüstung und allgemeiner Menschlichkeit gelesen werden können. 2014 pöbelte Habeck in Kiel protestierende Studenten an, was er damit begründete, dass er eine Art »Großer-Bruder-

Reflex« gegenüber der damaligen schleswig-holsteinischen Bildungsministerium Wara Wende empfunden habe, gegen die sich die Demonstration richtete.

Das Muster der möglicherweise künstlichen Aufregung behält Robert Habeck auch als Bundesvorsitzender der Grünen bei. Als im Juli 2018 bei *Maybrit Illner* über den Asylkompromiss diskutiert wurde, steigerte sich Habeck gegenüber der Staatsministerin Dorothee Bär (CSU) in demonstrative Rage und rief ihr schließlich ins Gesicht: »Sie killen fast Europa! Und dann sagen Sie, Sie sind eine europäische Partei!« »Das sind wir«, entgegnet Bär. »Bleiben Sie doch bei der Wahrheit!«, schrie Habeck daraufhin. »Stehen Sie doch dazu! Sagen Sie, Ihr Ministerpräsident [Markus Söder] ist nicht Ihr Ministerpräsident!« Zweieinhalb Jahre später wird Habeck mit dem von ihm so heftig bekämpften Markus Söder ein kuscheliges Doppelinterview im *Spiegel* geben, unterschwellige Botschaft: »Wir zwei Mannsbilder könnten schon eine tolle Regierung bilden. Perdu. Nun heißt es: Baerbock gegen Laschet und Scholz.

Doch 2018 ist die CSU noch der erklärte ideologische Hauptfeind der Grünen. Nachdem der deutsche Fußball-Nationalspieler Mesut Özil wegen PR-Fotos mit dem autoritären türkischen Präsidenten Recep Tayyip Erdogan in die Kritik geraten war, beleidigt die Nationalelf verlassen und den DFB des Rassismus bezichtigt hatte, gab Robert Habeck Bundesinnenminister Horst Seehofer, der auch für den Sport zuständig ist, die Schuld an diesem »Rücktritt«: »Wenn der Sportminister sagt, dass der Islam nicht zu Deutschland gehört, dann ist das klar als Ausladung an alle muslimischen Spieler zu verstehen.«

Über Seehofers Äußerung (»Der Islam gehört nicht zu Deutschland. Deutschland ist durch das Christentum geprägt«) kann man sicher unterschiedlicher Meinung sein. Wir haben es hier aber wieder mit einer dieser interessanten Habeck-Unschärfen zu tun. Strittig war im Fall Özil tatsächlich dessen schamlos-stolzes Posieren mit einem Staatschef, der Oppositionelle ins Gefängnis werfen lässt. Dass dieser Auftritt auch noch im türkischen Präsidentschaftswahlkampf stattfand, machte die Sache nicht besser. Özil wird unter der ungewohnt unfreundlichen Presselage gelitten haben, sein Rassismus-Vorwurf war nichts anderes als der Versuch, großkalibrig von seinem eigenen Problem abzulenken. Dass Habeck diesen Anlass für eine grüne Profilierung (»Wir sind für Muslime«) nutzte, lässt erkennen, wie taktisch er zuweilen mit Konflikten umgeht.

Im Januar 2019 machte der Grünen-Chef einen Fehler, der auch deshalb besonders bedauerlich war, weil er ihn in ähnlicher Form wenige Wochen zuvor schon einmal begangen hatte. Über Twitter verbreiteten die Grünen ein Video, in dem Habeck sagte: »Wir versuchen, alles zu machen, damit Thüringen ein offenes, freies, liberales, demokratisches Land wird, ein ökologisches Land.« Etwas in der Art hatte er schon vor der Landtagswahl in Bayern im Herbst 2018 gesagt, aber in Thüringen war die Sache noch pikanter. Dort regierten die Grünen schließlich seit vier Jahren in einer rot-rot-grünen Koalition unter dem linken Ministerpräsidenten

Bodo Ramelow mit. Insofern kamen in diesem Statement eher Robert Habecks Anti-Ostdeutschland-Ressentiments zum Ausdruck als eine vernünftige politische Analyse. Was umso peinlicher war, als Habeck doch erhebliche Mühe darauf verwendet hatte, als neuer Parteichef auch den Osten kennenzulernen und seine blinden Flecken zu tilgen.

Der Patzer, Bayern und Thüringen bisher nicht für demokratische Länder gehalten zu haben, wäre vielleicht im allgemeinen Stimmengewirr der Medienrepublik untergegangen. Aber Habeck schaffte es, sein Problem noch zu vergrößern, indem er den Hackerangriff des Schülers Johannes S. auf seine Familie und andere Promis mit seinen Demokratie-Videos für Twitter zu *einem* Komplex zusammenfasste und sich ausdrücklich wegen *beidem* bei Twitter und Facebook abmeldete. Damit hatte er seinen eigenen Videounfug an das Unrecht gekoppelt, das ihm unbestreitbar widerfahren war: Verletzungen der Privatsphäre gehören ja in der Tat zum Widerwärtigsten, was man Menschen diesseits von körperlicher Gewalt antun kann. Insofern machte ihn diese Verknüpfung schon einmal mehr zum Opfer als zum Täter. Ebene Zwei seiner Argumentation lenkte dann noch einmal mehr von ihm selbst ab: Twitter helfe nicht, »ehrlich zu sprechen«, sagte er der *ZEIT*. »Twitter verlockt – jedenfalls mich – zu aggressiver und zugespitzter Kommunikation.« Man bereite sich auch für Talkshows darauf vor, »Twitter-fähige Zitate zu produzieren, man unterbricht Leute, um ein solches Zitat zu setzen, das dann bei Twitter zu möglichst vielen positiven Reaktionen führt«. Damit hat Habeck die Funktionsweisen der sozialen Netzwerke ohne Zweifel treffend beschrieben, nur mit seiner eigenen gedanklichen Minderleistung gegenüber Thüringen und Bayern hat das rein gar nichts zu tun. Habeck lenkt ab von der Hybris, die seinem Zitat zugrunde gelegen haben dürfte, und prangert, durchaus zu Recht, die systematischen Probleme von Twitter & Co an. Aber das ist eben auch sehr praktisch: Eigentlich ist so nämlich Twitter schuld an Habecks Einlassungen. »Nach einer schlaflosen Nacht komme ich zu dem Ergebnis, dass Twitter auf mich abfärbt. Das muss Konsequenzen haben«, sagt er. »Und meine ist, dass ich meinen Account lösche.« Robert Habeck zieht sich hier auf die zentrale Botschaft des kanadischen Kommunikationswissenschaftlers Marshall McLuhan (1911–1980) zurück: »The medium is the message.« Aber das Medium kann eben, bei aller systemischen Übermacht, aus dem Einzelpolitiker nur hervorkitzeln, was vorhanden ist. In Habecks Fall ist das nun einmal eine gewisse Überheblichkeit.

Im September 2019 beschließt die Große Koalition das sogenannte Klimapaket, in dem unter anderem Emissionsziele für Energiewirtschaft, Verkehr, Landwirtschaft und andere gesellschaftliche Sektoren festgelegt werden. Eine Maßnahme des Klimapakets ist die Erhöhung der Pendlerpauschale um fünf Cent. Wer einen weiteren Weg zum Arbeitsplatz zurückzulegen hat – sei es mit Auto, Fahrrad oder Bahn –, soll künftig also einen etwas höheren Freibetrag bei der Steuer geltend machen können.

Man mag darüber streiten, wie nützlich diese Steuererleichterung für den Klimaschutz ist, auf keinen Fall aber begünstigt sie das Autofahren gegenüber dem Bahnfahren. Doch genau das behauptet Robert Habeck in einem Interview der *ARD:* Die Pendlerpauschale sei »klimapolitischer Wahnsinn«, sagt er. Als ihn der Interviewer auf seinen Fehler hinweist, gerät Habeck ins Stottern und wirkt wie ein Schuljunge, der nicht gemachte Hausaufgaben zu rechtfertigen versucht.

Die Situation ist interessant. Ohne Zweifel wird von Politikern, selbst von harmlosen Oberbürgermeistern, eine Alleswisserei erwartet, die komplett unrealistisch ist. Kein Mensch kann sich mit allen Themen auskennen. Details sind manchmal tatsächlich viel weniger wichtig als Zusammenhänge. Aber erstens verstehen sich die Grünen als Klimaschutzpartei. Und zweitens hat Habeck selbst die Pendlerpauschale explizit als einen von zwei Kritikpunkten am Klimapaket der Regierung herausgegriffen. Diese zwei Punkte sollte er dann wenigstens durchdrungen haben. Hier zeigt sich, wie sehr Habeck auf einen funktionierenden Apparat angewiesen ist. Vermerke aus seinem Ministerium arbeitete er wohl stets fleißig durch und konnte später auch reproduzieren, was er gelesen hatte. Aber die Parteizentrale in Berlin funktioniert zum Anfang seines Parteivorsitzes offenbar noch nicht gut genug für ihn.

Zwei Tage nach seinem verpatzten *ARD*-Interview hat Robert Habeck gemeinsam mit seiner Ehefrau Andrea Paluch in Berlin eine Lesung für Schulkinder. Die beiden tragen aus dem Buch *Ruf der Wölfe* vor.

Eigentlich ist aus diesem Anlass ein Doppelinterview der beiden Autoren mit der *B.Z.* verabredet – einem Berliner Springer-Blatt, das eng mit der *Bild*-Zeitung zusammenarbeitet. Doch das Zeitungsgespräch wird abgesagt, und auch einen zugesagten Fototermin lässt das Ehepaar platzen. Während der Fotograf im Foyer des Theaters wartet, steigen Habeck und Paluch an der Hintertür in ein Taxi.

Es ist nachvollziehbar, dass Habeck in diesem Moment keine Lust auf hämische Nachfragen zu seiner Wissenslücke hat. Aber die Flucht vor dem Reporter zeigt eben auch, wie dünnhäutig er in Bezug auf eigene Patzer ist: Zwar entschuldigt er sich immer wieder sehr souverän und wirkt dabei menschlich und echt. Aber in Wirklichkeit wurmt es ihn maßlos, in der Öffentlichkeit dumm dazustehen.

Immer wieder tappt Habeck unvorbereitet in die Falle der mangelnden Detailkenntnis. So auch im August 2020, als es um die Wirecard-Affäre (vorgetäuschte Milliardenumsätze eines DAX-Konzerns) und die Rolle von Bundesfinanzminister Olaf Scholz geht: Da wirft Habeck der Bundesanstalt für Finanzdienstleistungsaufsicht (BaFin) vor, sie überprüfe kleinlich Handwerkerrechnungen, kenne sich aber mit dem Gebaren großer Player im Bereich der Finanzdienstleistungen nicht aus. Ein Fehler, denn die Beschäftigung mit betriebswirtschaftlichen Unternehmensabrechnungen gehört gerade nicht zum Arbeitsauftrag der BaFin. Habeck lächelt zwar auch diesen Fehler souverän weg, arbeitet aber fahrlässigerweise nicht nach. Zwei Tage später kann er dann der *ARD* weder erklären, was die BaFin genau *tut*, noch was die Abkürzung eigentlich bedeutet.

Einen richtiggehenden Blackout hat Robert Habeck im Januar 2021. In einem Online-Interview mit dem Netzformat *jung&naiv* wird er gefragt, ob er, neben der Freilassung des russischen Oppositionellen Alexej Nawalny (der in Russland aus politischen Gründen zu dreieinhalb Jahren Arbeitslager verurteilt wurde) auch die Freilassung von Julian Assange fordere.

Habeck stutzt, kommt ins Stocken, denkt offenbar fieberhaft darüber nach, wer zum Teufel Assange noch einmal war, was Assange getan hat und wo der sich überhaupt befindet. Ein beherzter und authentischer Mensch müsste jetzt eigentlich sagen: Hilf mir mal schnell, ich weiß gerade gar nicht, wie der aktuelle Stand des Verfahrens ist. (Wikileaks-Gründer Julian Assange sitzt in Großbritannien in Auslieferungshaft, ein Gerichtstermin ist für September 2021 angesetzt. In den USA drohen ihm wegen Geheimnisverrats drakonische Haftstrafen.) Habeck kann sich aber nicht durchringen zu fragen, er verhaspelt sich bei Assanges Namen und sagt dann – im Prinzip nicht unrichtig – etwas von einem »fairen Verfahren«. Doch der Interviewer hakt nach: »Du forderst nicht die Freilassung von Julian Assange?« Schweigen. Schweigen. »Doch«, sagt Habeck schließlich. »Ich fordere die Freilassung von Julian Assange.«

Auf Twitter wird diese Reaktion vor allem als Beleg dafür verspottet, wie wetterwendisch Habeck in einer Situation der Bedrängnis seine Meinung anpasse. Auf diese Idee kann man auch tatsächlich kommen, denn für die Gefolgschaft von *jung&naiv* ist Assange ein Säulenheiliger des freien Internets, während vermutlich jeder Staat auf der Welt juristisch etwas dagegen hat, wenn seine Geheimdiensterkenntnisse plötzlich im Netz auftauchen. Dennoch setzen sich im Namen der Pressefreiheit auch einige Bundestagsabgeordnete und die Organisation Reporter ohne Grenzen für ihn ein.

Ich interpretiere den Vorfall eher so, dass Habeck hier wieder einmal versucht, eine momentane, übrigens aus meiner Sicht durchaus entschuldbare Wissenslücke mit einer vieldeutigen Formulierung zu kaschieren. Das kann man machen. Zur Persona eines authentischen, eines *anderen* Politikers würde es an dieser Stelle aber besser passen, einfach nachzufragen. Das bloße Vortäuschen von Kompetenz kennt das demokratische Publikum vom weniger originellen politischen Personal zur Genüge.

Wenn man diese typischen Habeck-Aussetzer betrachtet, ist man hin- und hergerissen. Einerseits wirkt er lebensecht, wenn er sich entschuldigt, und welcher Politiker tut das schon? Andererseits nutzen sich die Entschuldigungen mit zunehmender Häufigkeit ab. Einerseits ist Habecks erkennbar größeres Interesse an Zusammenhängen als an Einzelheiten gewinnend, denn gerade die Politik der Merkel-Jahre ist ja durch die komplette Abwesenheit von zusammenhängenden Erzählungen geprägt. Andererseits fragt man sich, ob konkrete Politik, die wirklich die Lebensumstände von Menschen verbessert, nicht doch auch angewiesen ist auf die genaue Kenntnis der Sache. Der Generalist Robert Habeck vermittelt leicht den Eindruck, es sei unter seiner Würde, sich mit dem Klein-Kein dieses Gesetzes oder jener Verordnung zu befassen. Doch gerade im Coronamodus der Jahre 2020 und 2021, als viele Existenzen zerstört und viele Lebenswege beeinträchtigt werden, kann man lernen, wie wesentlich das Kleingedruckte in der Politik doch ist.

Vielleicht muss man hier aber fairerweise doch noch einmal auf Habecks Zeit als Minister und stellvertretender Ministerpräsident in Schleswig-Holstein zurückblicken. Detailkenntnis wird wichtig, wenn man nicht mehr vor allem darum kämpfen muss, an die Macht zu kommen, um überhaupt politisch etwas bewirken zu können, sondern selbst am Hebel sitzt. Und da hat Habeck gezeigt, dass er konkrete Herausforderungen mit viel Energie angeht und eine hohe Bereitschaft hat, sich in komplizierte Themen einzuarbeiten.

Während die meisten Medien trotz aller Pannen sanft mit Habeck umgehen, packt die Satire ihn durchaus härter an. Mit Max Giermann hat sich ein begnadeter Habeck-Parodist gefunden, der den Grünen-Chef in all seinen Manierismen gekonnt nachahmen kann. Giermann ist sehr überzeugend, wenn er lässig die Beine übereinanderwirft, sich die ohnehin schon verstrubbelten Haare noch weiter verstrubbelt und philosophische Gemeinplätze hervornuschelt. Für die *NDR*-Satiresendung *Extra Drei* schlüpft Moderator Christian Ehring in die Rolle des kritischen Journalisten und befragt den Giermann-Habeck härter als alle echten Kollegen. »Wir werden doch nicht den Fehler machen, relativ kurz vor der Bundestagswahl inhaltlich zu werden«, antwortet der gespielte Habeck, als Ehring ihm grüne Beliebigkeit vorhält. Der falsche Grünen-Chef sagt im Sketch auch: »Beliebt, unbeliebt, das sind doch anachronistische Kategorien. Ich will Politik, die Bock macht auf Politik.« Man verstehe sich als Bewegungspartei, und ob es dabei um Proteste gehe oder um Yoga, sei ihm letztlich »wumpe«. »Dass ich persönlich dabei ein bisschen besser aussehe als andere, das haben Sie gesagt!« Das habe er nicht gesagt, protestiert Moderator Ehring. »Ja, aber warum werde immer nur ich als Kanzlerkandidat gehandelt?«, fragt der falsche Habeck. »Über die K-Frage möchte ich heute überhaupt nicht sprechen.« Das sei cool, kontert Ehring, er nämlich auch nicht. »Das ist doch ein herbeigeredeter Diskurs«, unterbricht Giermann-Habeck. »Annalena und ich, wir finden mich beide super.« Pendlerpauschale und BaFin? »Sie nennen es Wissenslücken, ich nenne es Parkplatz für Gedanken.« Und auf die Frage, wofür die Grünen eigentlich stünden, sagt die Karikatur: »Sobald wir wissen, mit wem wir koalieren, wissen wir auch, wofür wir stehen.«

Treffender könnte man über Habecks Zuständigkeit für ein generelles Wohlfühlklima, seine Abneigung gegen allzu eindeutige politische Festlegungen, sein konsequentes Ausweichen in der Frage der Kanzlerkandidatur und seine unzweifelhaft vorhandene Eitelkeit nicht spotten. Und das Ganze ist trotz aller Zielgenauigkeit noch irgendwie liebevoll. Habeck wird den Satirikern als erste grüne Zielperson fehlen. Und allein die Tatsache, dass man sich wirklich witzigen Spott über Annalena Baerbock kaum vorstellen kann, sagt vielleicht auch etwas aus über deren Originalität.

Nur in einem Punkt mag die Satire zu kurz greifen. Habeck kümmert sich zwar um gute Stimmung bei den potenziellen Wählern, ohne irgendjemand unnötig zu erschrecken. Aber die Partei Bündnis 90/Die Grünen weiß ziemlich genau, was sie inhaltlich will. In der Papierform ihres Grundsatzprogrammes, an dessen Erarbeitung Robert Habeck ebenso mitgewirkt hat wie Annalena Baerbock, klingt das nach einem radikalen Umbau der Gesellschaft.

11. KAPITEL

Grüne Politik im disruptiven Mainstream

DIE GRÜNEN LEIDEN UNTER DEM TRAUMA, dass sie zwischen Wahlen schon oft Umfragekönige waren, aber dann am Wahlsonntag doch mit einem bescheidenen Ergebnis vom Platz gehen mussten. Im 19. Deutschen Bundestag, der 2017 gewählt wurde, stellen sie die kleinste Oppositionsfraktion. Annalena Baerbock und Robert Habeck operieren unter dem enormen Druck der Erwartung, dieses Muster bei der Bundestagswahl 2021 endlich zu durchbrechen. Allerdings scheint die SPD dauerhaft in einer derart schlechten Verfassung zu sein, dass es den Grünen gelingen müsste, sich mindestens auf Platz zwei des deutschen Parteiensystems einzurichten. Vor den Sozialdemokraten. Bei den letzten Landtagswahlen in Bayern, Hamburg und Hessen erreichten die Grünen schon jeweils den zweiten Platz. In Baden-Württemberg wurden sie 2021 sogar bereits zum zweiten Mal die stärkste Partei im Land. In diesen vier Ländern allein leben 32 Millionen von 83 Millionen Einwohnern der Bundesrepublik Deutschland, fast 40 Prozent der Bevölkerung. Für die hat sich das politische Koordinatensystem längst ganz real zugunsten der Grünen verschoben. Nach der Nominierung Baerbocks lagen die Grünen sogar monatelang auf Platz eins, vor der Union.

Die CDU begann Anfang 2021 unter Angela Merkels Fehlern in der Coronabekämpfung, unter einer allgemeinen Merkel-Müdigkeit nach 16 Jahren Kanzlerschaft und einem hausgemachten Bereicherungsskandal zu leiden. Robert Habeck hatte umsichtig dafür gesorgt, dass zumindest ein Teil der frustrierten CDU-Anhänger schmerzfrei bei den Grünen andocken kann.

Außerdem, sagt Thomas Petersen vom *Institut für Demoskopie Allensbach*, habe sich die gesellschaftliche Grundstimmung in den vergangenen Jahren zugunsten der Grünen verschoben. Während »Umweltschutz« in früheren Befragungen seines Instituts unter jenen Zielen rangiert habe, die Befragte eher pflichtschuldig und abstrakt als »wichtig« auflisteten, sei das Thema inzwischen bis dicht an die Spitze der auch ganz persönlich für wichtig gehaltenen Ziele gerückt. »Das Medientrommelfeuer zum Thema Klimaschutz war eben nicht folgenlos«, erklärt Petersen trocken. Zudem fühle sich die grüne Klientel exzellent bedient vom öffentlich-rechtlichen Fernsehen, während Konservative und vor allem AfD-Anhänger im Internet nach Ersatz-Öffentlichkeiten suchten. Dass gerade das öffentlich-rechtliche Fernsehen in seinen Redaktionen starke grüne Tendenzen aufweist, ging zuletzt aus einer bemerkenswerten Umfrage hervor, die *ARD*-Volontäre 2020 unter ihren Kolleginnen und Kollegen veranstalteten: Danach neigten fast 60 Prozent der Nachwuchsjournalisten den Grünen zu,

23 Prozent bevorzugten die Linkspartei – und nur drei Prozent äußerten eine Vorliebe für die Union. »Marsch durch die Institutionen«, wie damals bei den Angehörigen der Achtundsechziger-Bewegung, kann man das kaum noch nennen, eher schon kulturelle Hegemonie. Insofern sehen die Dinge für die grüne Partei ziemlich hoffnungsvoll aus. Sie darf sich im Einklang mit einer breiten, vielleicht der breitesten Strömung der Gegenwart fühlen. Fast unmerklich, gewissermaßen im Windschatten der Coronakrise, ist das Klimathema von manchen Akteuren zum wichtigsten Problem unserer Gesellschaft erklärt worden, obwohl darüber durchaus noch zu streiten wäre. Den Grünen spielt das in die Hände – und man wird aufpassen müssen, dass die bedenklichen Grundrechtseinschränkungen aus Pandemiezeiten nicht als Blaupause für die Klimarettung verwendet werden.

Auch Robert Habeck kommt ursprünglich nicht aus der Klimaschutzecke. In seinen vier politischen Büchern setzt er sich mit ökologischen Themen eher pflichtschuldig auseinander, wenn überhaupt. Meist geht es bei ihm um Kultur, um Sprache, um Begriffe wie Heimat, um Identitätspolitik und die spannenden Fragen des gesellschaftlichen Zusammenhalts. Er ist ein Generalist.

Umwelt- und Landwirtschaftsminister in Schleswig-Holstein wurde Habeck wohl auch nicht aus reiner Begeisterung, sondern weil es eben Teil eines Deals war, das gewichtigere Finanzministerium seiner Kollegin Monika Heinold zu überlassen. Er arbeitete sich bekanntlich gut in die Agrar- und Energiethemen ein, die in seinem Hause angesiedelt waren. Bis heute ist er in Fragen der Atommüll-Endlagerung, der erneuerbaren Energien oder der Massentierhaltung firmer als in finanz- oder sozialpolitischen Themen, von Außenpolitik gar nicht zu reden.

Wichtig war ihm von Beginn seines politischen Engagements an, die Grünen aus ihrer »Verbotsecke« herauszuholen. Als »Kantianer« wollte er beim Publikum lieber um Selbstaufklärung werben, als mit Veggie-Tagen in der Kantine zu drohen. Er entspricht damit dem aufgeklärt-wohlmeinenden Grundgefühl des bildungsbürgerlichen *ZEIT*-Lesers: Alles könnte doch viel besser sein, wenn sich alle nur ein klein wenig mehr anstrengen würden! Dass diese Anstrengungen in einem Haus mit Garten manchmal leichter fallen als in einer Drei-Zimmer-Wohnung ohne Balkon und dass sich von 6 000 Euro im Monat leichter Biofleisch kaufen lässt als von 2 000 Euro, wird dabei gern gepflegt ausgeblendet.

Im Gegensatz dazu, dass Habeck eher überzeugen als verbieten möchte, findet sich im grünen Grundsatzprogramm eine durchaus beunruhigende Passage. Die Grünen bekennen sich zu einem Leben in »Freiheit, Würde und Wohlstand«, heißt es in der Präambel – allerdings nur im Sinne von »Nachhaltigkeit, Vorsorge und Gerechtigkeit«. Dass »Freiheit« und »Nachhaltigkeit« immer in einem Spannungsverhältnis stehen können, ist klar, aber diese Formulierung bringt die beiden Prinzipien in eine Rangfolge, mit »Nachhaltigkeit« auf Platz eins und »Freiheit« irgendwo dahinter.

Nachdem geklärt ist, dass Nachhaltigkeit im Zweifel

die Freiheit sticht, wird dann ein grüner Umbau der Gesellschaft vorgeschlagen, der sich ohne legislativen und exekutiven Zwang kaum würde durchsetzen lassen. Geschwindigkeitsbegrenzungen auf Autobahnen sind dabei ein eher banales Beispiel für die Konsequenz, mit der die Grünen die »schnelle und konsequente Dekarbonisierung« von Wirtschaft, Industrie und Lebensweise durchsetzen wollen. In einer »sozial-ökologischen Marktwirtschaft« müssten sich Auto- und Chemieindustrie neu erfinden, heißt es im Programm. Außerdem: »Eine zu starke Konzentration von Eigentum in den Händen weniger bedroht Demokratie und Markwirtschaft.« Das klingt ein bisschen nach dem Godesberger Programm der SPD von 1959.

Der Finanzmarkt, fordern nun die Grünen, brauche eine »effektive Aufsicht sowieso glasklare Regeln ohne Lücken, die für alle gelten. Der Umbau zu Klimaschutz und einer sozial-ökologischen Wirtschaft wird beschleunigt, wenn Anlagegelder nicht mehr in die alte, von fossilen Energien getragene Wirtschaft fließen.«

Nicht nur, dass hier ganz harmlos ein massiver Eingriff in die marktwirtschaftliche Verwendung des Eigentums angekündigt wird, es klingt zugleich besonders witzig, wenn die Grünen von »glasklaren Regeln« für die Finanzwirtschaft sprechen, während ihr Vorsitzender nicht weiß, was heute überhaupt die Aufgaben der BaFin sind.

Die Grünen wollen das Wahlalter senken – was ihnen angesichts des sich ausbreitenden grünen Lebensgefühls und der Fridays-for-Future-Begeisterung junger

Leute ganz konkreten Nutzen verspricht. Sie wollen eine Europäische Union mit föderaler Verfassung – was immer das für den Fortbestand des Nationalstaats bedeuten könnte. Robert Habeck hat in seinen Büchern hinreichend deutlich gemacht, dass sein persönlicher Heimatbegriff nichts mit Deutschland im engeren Sinne zu tun hat.

Die Grünen wollen eine gute Ausstattung der Polizei, aber traditionell sind sie weiterhin misstrauisch gegenüber den Ordnungskräften: »Bei Fehlverhalten müssen Fehler, strafbares Verhalten und strukturelle Mängel ohne falsche Rücksichten aufgeklärt und geahndet werden.« Man darf vermuten, dass sich das Verhältnis zu den Polizeibeamten vielleicht bessert, wenn sie erst klimafeindliche Handlungen verfolgen dürfen. Aber im Ernst: Noch nie stellten die Grünen seit ihrer Gründung einen Innenminister in einem der 16 Länder oder gar im Bund. Robert Habeck hält das für ein Defizit seiner Partei.

Ob Corona- oder Klimakrise, die Grünen wollen beidem mithilfe »der« Wissenschaft und »der« Digitalisierung begegnen – ganz so, als gäbe es in der Wissenschaft nicht durchaus unterschiedliche, konkurrierende, jeweils gut begründete Standpunkte. Dass »die« Digitalisierung im Übrigen gerade dabei ist, den weltweiten Stromverbrauch in ungeahnte Höhen zu treiben, ist da fast nur eine Randnotiz. Doch die Grünen neigen zum pauschalen Kollektivsingular.

Ideologiekritiker sollten auch immer aufmerken, wenn die Umdefinition von Begriffen gefordert wird: »Wohlstand ist im Sinne von Klimaneutralität, Vorsorge und Gerechtigkeit sowie globaler Verantwortung neu zu definieren.« Das klingt ein wenig so, als wollten die Manufactum-Kunden demnächst den Leuten, die bei Rossmann einkaufen, eine Lektion in Konsumverzicht erteilen. Die Klimakrise verschärfe bestehende Lebenslagen und treffe damit insbesondere Frauen, deshalb »müssen ökologische Maßnahmen von Frauen und marginalisierten Gruppen mitgestaltet werden«. Bei der CDU arbeiten daran übrigens seit Jahren Bundeskanzlerin Angela Merkel, Landwirtschaftsministerin Julia Klöckner, Forschungsministerin Anja Karliczek und EU-Kommissionspräsidentin Ursula von der Leyen, wenn auch vielleicht nicht aus hinreichend feministischer Perspektive und nicht mit dem gewünschten Erfolg.

Die Grünen wollen Autos und Wohnungen digital vernetzen, um die Emissionen möglichst effektiv zu senken. Allerdings bauen sie auf diese Weise ungewollt auch die technische Infrastruktur für einen perfekten Überwachungsstaat. Die »Panoptikum«-Idee des britischen Philosophen Jeremy Bentham (1748–1832) wirkt dagegen wie ein Kinderspielzeug – Bentham erdachte ein Gefängnis, in dem ein einziger Wärter alle Gefangenen überwachen kann.

Habecks Credo, man solle eher überzeugen als verbieten, wird auch durch folgenden grünen Programmsatz konterkariert: Man brauche »bessere Regeln, nicht bessere Menschen«. Im Klartext könnte das bedeuten: Die Menschen können bleiben, wie sie wollen, man wird ihnen nur mehr verbieten müssen. »Aus Vorsorge«, schreiben die Grünen, »sind unsere Systeme deshalb auf *wissenschaftlicher Basis* (Hervorhebung von mir) darauf auszutarieren, auch beim Wirtschaften innerhalb der planetaren Grenzen stabil zu bleiben.« Da ist sie wieder, »die« Wissenschaft. Es ist schon klar, gegen wen sie in Stellung gebracht wird: gegen die Klimaleugner, die Verschwörungstheoretiker, die *Fake News*-Verbreiter. All diese muss man ja auch argumentativ bekämpfen, sie machen einen vernünftigen Streit der Meinungen so ungeheuer schwer. Auf der anderen Seite ist es aber wirklich gefährlich für den demokratischen Diskurs und für die Demokratie insgesamt, wenn »die« Wissenschaft (möglicherweise die gerade herrschende Meinung) als Totschlagargument gegen andere Theorien eingesetzt wird, die erhobene Daten anders interpretieren als Vertreter des aktuellen Mainstreams. Der deutsche Physik-Nobelpreisträger Albert Einstein, dessen bahnbrechende Relativitätstheorie immer noch schwer zu verstehen ist, soll einmal gefragt worden sein, was er zu dem gerade erschienenen Buch *100 Autoren gegen Einstein* sage. Seine Antwort: »Wenn sie recht hätten, würde einer genügen.« Offenheit in der wissenschaftlichen Diskussion bleibt eine aufklärerische Grundvoraussetzung für jeden wirklichen Fortschritt.

»Nicht am Gemeinwohl orientierte« und »ökologisch schädliche« Tätigkeiten sollen laut Grünen-Programm stärker besteuert und damit verteuert werden. Für queere, inter- und transsexuelle Personen soll deren Kinderwunsch, so vorhanden, medizinisch erfüllt werden, auf

Krankenschein. Das gemeinsame »Wir«, sagen die Grünen, schließe alle ein, die in unserem Land leben. Für Kinderrechte im Grundgesetz gilt: »Kinder sind Expert*innen in eigener Sache und sollten bei den sie betreffenden Angelegenheiten beteiligt werden.«

Die Grünen sind für ein bedingungsloses Grundeinkommen. Für ein ganzheitliches Bildungssystem. Und sie wollen, dass Deutschland für seine Vergangenheit als Industrieland der Welt Entschädigungen zahlt: »Insbesondere Staaten, die historisch wie aktuell den Großteil klimaschädlicher Gase emittieren, müssen sich an einem globalen Ausgleich der Klimafolgen, -schäden und -verluste sowie der Schaffung sicherer und würdevoller Migrationswege beteiligen.« Diese Argumentation verwendet inzwischen auch Angela Merkel häufiger.

In seinem Buch *Von hier an anders* und in diversen neueren Interviews liefert Robert Habeck eine tendenziell verstörende Interpretation grüner Politik, die zumindest ahnen lässt, dass die Grünen auf das Muster der massiven Grundrechtseinschränkungen im Coronalockdown auch im Namen von Klimaschutzzielen zurückkommen könnten: Er sehe strukturelle Parallelen zwischen Corona- und Klimakrise, sagt Habeck der *ZEIT*. »Beide sind global, beide haben einen ökologischen Ursprung, ihre Bekämpfung macht globale Kooperation notwendig. Beide zwingen uns, alte Gewissheiten infrage zu stellen. Deshalb wurden und werden sie auch von rechten Populisten geleugnet und die Maßnahmen gegen sie bekämpft.« Es gelte gleichermaßen, den steilen Anstieg der Coronazahlen wie den Anstieg der

Temperaturkurve zu verhindern. Robert Habeck teilt seinen Lernerfolg mit den Lesern: »Wenn man für Wochen Ausgangssperren verhängen kann, wieso kann man dann nicht auch Plastiktüten verbieten?« Plastiktüten, das klingt niedlich, aber in dieser Metapher stecken bei den Grünen programmatisch auch Flug- und Schiffsreisen, Autos und Verbrennungsmotoren. Und warum nicht irgendwann sogar ökobilanzschädliche Einfamilienhäuser?

Den Gedanken, die Grundrechtseinschränkungen im Namen des Klimaschutzes einfach weiterzuentwickeln, teilt Habeck mit Akteuren aus Publizistik, Wissenschaft, Wirtschaft und Kirchen. Bernd Ulrich, der stellvertretende Chefredakteur der *ZEIT*, zum Beispiel, gilt den intellektuelleren Grünen als Stichwortgeber. Nach dem ersten Coronalockdown gibt Ulrich ein bemerkenswertes Stichwort. Es lautet »Zwangskatharsis«, was auf Deutsch so viel wie »erzwungene Reinigung« bedeutet. Ulrich lobt in seinem Aufsatz die überraschenden Erfahrungen, die die Coronabeschränkungen mit sich gebracht hätten: »Verlangsamung, Solidarität, Konsumverzicht, verstärkte Familiarität, verringerte Mobilität, leisere Städte, weniger Kohlendioxidausstoß.«

Den Grünen wirft er im Mai 2020 vor, die sich durch Corona bietenden Möglichkeiten noch nicht ausreichend für eine politische Offensive genutzt zu haben. Auch hätten sie nur sehr überschaubare Erfolge beim Klimaschutz erzielt: »Wie viel CO2, bitte schön?«, fragt Ulrich und plädiert wie Fridays for Future für eine »systemrettende Systemüberwindung«.

Die Deutsche Nationalakademie Leopoldina in Halle hat 1600 renommierte Mitglieder – Professoren und Professorinnen vor allem aus mathematisch- naturwissenschaftlichen Disziplinen. »Unabhängig« und auf »breiter wissenschaftlicher Evidenz basierend« will sie Politik und Gesellschaft beraten.

In der Coronakrise gibt die Leopoldina sieben sogenannte »Ad-hoc-Stellungnahmen« ab, auf die sich Bundeskanzlerin Angela Merkel (CDU) stützt und die in den Medien sehr umfangreich zitiert werden. In diesen Stellungnahmen machen die Wissenschaftler der jeweiligen Redaktionsgruppen politische Vorschläge für das zukünftige Regierungshandeln, die weit über die konkrete Bekämpfung des Virus und die Bewältigung der Pandemie hinausgehen. Die »tiefen Spuren«, die die Coronakrise hinterlassen werde, vor allem aber die »mindestens ebenso bedrohlichen Klima- und Biodiversitätskrisen« verböten eine »Wiederherstellung des vorherigen Status«. Staatliche Fördermaßnahmen für die Wirtschaft sollten die Kriterien der Nachhaltigkeit in den Vordergrund stellen: »In der Wahrnehmung dieser historischen Chance liegt eine kaum zu überschätzende Verantwortung der Handelnden.«

Der 82-jährige Klaus Schwab ist studierter Maschinenbauer und Ökonom. Weltbekannt wurde er als Gründer des *World Economic Forum* im schweizerischen Davos, einer jährlich stattfindenden internationalen Konferenz von Wirtschaftslenkern und Spitzenpolitikern, die zunächst durch ihre neoliberale und »disruptive« politische Ausrichtung bekannt und dafür zum

Teil hart kritisiert wurde. Im Juni 2020 meldete er sich mit einem neuen Buch zu Wort, das »The Great Reset« heißt. Übersetzt wird der Titel üblicherweise mit »Der große Umbruch«, aber sprachlich richtiger wäre wohl »Der Große Neustart«.

Schwab fragt in seinem Manifest: »Könnte die Coronakrise der Blitz vor dem Donner sein?« Er setzt die Pandemie mit der Klimakatastrophe gleich, nur dass die Opferzahlen der Pandemie die Bevölkerung sofort in drastische Maßnahmen einwilligen ließen, während allzu viele Menschen noch nicht hinreichend davon überzeugt seien, dass sie auch zur Vermeidung der (unausweichlichen) Klimakatastrophe ihr Leben drastisch verändern müssten. Für Schwab ist die Alternativlosigkeit des »Neustarts« ausgemachte Sache: »Die Pandemie gibt uns die Chance – ein enges Zeitfenster –, um unsere heutige Welt zu überdenken, sie neu zu imaginieren und sie neu zu starten.« Im Plädoyer für die ganz große Disruption spielen Demokratiefragen nur noch eine nachrangige Rolle. Auch auf Schwab könnte sich eine grün-schwarze Regierung berufen.

Bischof Wolfgang Huber war von 2003 bis 2009 Ratsvorsitzender der Evangelischen Kirche in Deutschland. Das evangelische Milieu ist den Grünen ohnehin zugeneigt. Der Bischof argumentierte in der Coronakrise, dass für viele in wirtschaftliche Not geratene Kleinunternehmer und Kulturschaffende die Rückkehr zur gewohnten Realität ohnehin den »Charakter einer Illusion« habe und dass, so insinuierte er, gerade deshalb »die Revision dessen, was bisher als normal galt, ebenso wichtig ist wie die Rückkehr zu lieb gewonnenen und schmerzlich vermissten Gewohnheiten«.

Die Zeit zur »Überprüfung der gesellschaftlichen Prioritäten« beginne jetzt, schreibt Huber: »Wenn wir warten, bis alles wieder in bewährten Gleisen läuft, ist es zu spät. Jetzt ist nicht nur eine Zeit für die Sehnsucht nach Normalität. Jetzt ist es an der Zeit zu fragen, was morgen normal sein soll.«

All dies ist Rückenwind für die Grünen. Aber Robert Habeck spürt immerhin, dass eine disruptiv-grüne Neustartpolitik in manchen Teilen der Gesellschaft auch auf Widerstand stoßen könnte. Sein neuestes Buch ist eine einzige Immunisierung gegen den Vorwurf, der linke und grüne Meinungsmainstream lasse viele Menschen entfremdet auf der Strecke. Deshalb hadert er demonstrativ mit der Frage, ob man als »fortschrittlicher« Politiker auch Probleme durch das erzeuge, was man *richtig* mache: Ob Donald Trump zum Beispiel nur deshalb habe Präsident werden können, weil Barack Obama 2009 bis 2017 eine so erfolgreiche linksliberale, geschlechtergerechte und grüne Politik gemacht habe.

»Die Verlierer sollen zumindest wissen, dass Robert Habeck weiß, wie schlecht es ihnen geht?«, fragt die *ZEIT* ihn daraufhin sarkastisch. »Kulturelle Gerechtigkeit sollte nicht als Paternalismus abgetan werden«, pampt Habeck zurück. Ein grüner Kanzler oder Vizekanzler hätte also jedes menschliche Verständnis dafür, wenn im neuen ökodeutschen Qualityland (Marc-Uwe Kling) Heiko Busfahrer, Sabine Kosmetikerin oder Mirko Dönerbrater unter den neuen Klima- oder Gesundheitsvorschriften litten. Verzichten würden die Grünen auf diese Vorschriften aber nicht. Und deshalb teile ich auch nicht die Prognose des *taz*-Autors Ulrich Schulte. Der meint, mit den Grünen im Kanzleramt werde sich weniger ändern, als viele dächten: Das Leben werde weitergehen mit SUVs, Billigfleisch vom Discounter und Holzkohlegrill, mit zu viel CO_2-Ausstoß und zu viel Konsum. Schulte sieht das als Defizit, er wirft den Grünen »Marktverliebtheit« vor und kritisiert die »Geschichte vom grünen Wachstum«, die nicht zu nachhaltigen Veränderungen führen werde.

Aber sowohl das grüne Grundsatzprogramm als auch die jüngeren Schriften Robert Habecks geben auch eine argumentative Grundlage für eine radikale Umgestaltung der Gesellschaft her. Die Union, ausgezehrt und orientierungslos, wie sie nach 18 Jahren Angela Merkel im Parteivorsitz und 16 Jahren Kanzlerschaft ist, dürfte der dynamischen grünen Partei, ihrer ehrgeizigen Spitzenfrau und ihrem prominentesten Anti-Politiker nur wenig entgegensetzen. Und Grün-Rot-Rot will ohnehin einen Umbau der Gesellschaft, die wir kennen.

SCHLUSSKAPITEL

Bittersüßer Stich ins Herz

ER STEHT AUF DER BÜHNE in der Berliner Malzfabrik, am 19. April 2021, und er hat verloren. All die Arbeit, all die Mühe, die endlosen Veranstaltungen, die stets aufrechterhaltene Einheitsfront mit einer Co-Vorsitzenden, die doch Habeck, er kann es beinahe nicht anders empfinden, erst ins Rampenlicht geschoben hat. Es ist ein bitterer Moment, Punkt. Auch wenn er später sagen wird, der Augenblick sei »bittersüß« gewesen. Schließlich sei er nach Berlin gekommen, um die grüne Partei überhaupt in die Position zu bringen, in der sie den Kampf um die Kanzlerschaft führen könne – das sei der süße Anteil. Auf den ersten Blick ist das, was er da zeigt, im *ZEIT*-Interview zwei Stunden nach seiner Niederlage, die tapfere, loyale Haltung, die wir von einem guten Verlierer erwarten. Ein guter Verlierer kann in unserer Öffentlichkeit durchaus mit Anerkennung rechnen, und das weiß Habeck. Aber jeder normale Mensch fühlt sich von einer Niederlage, wie er sie in der Konkurrenz um die Kanzlerkandidatur eingesteckt hat, zunächst einmal getroffen und enttäuscht. Und so normal ist Robert Habeck trotz aller Anpassung an die Berliner Politikbühne definitiv, dass ihn das abrupte Aus für seine Ambitionen verletzen muss. In dieser Situation hält er in der Malzfabrik folgende Ansprache:

»So, guten Tag und guten Morgen zu einem besonderen Tag in der grünen Geschichte und auch in unserer Geschichte. Wir sind jetzt seit dreieinhalb Jahren eine Doppelspitze, es waren dreieinhalb gute Jahre, gute für uns, gute für die Partei, wir haben herausragende Wahlerfolge gefeiert, wir haben die Partei programmatisch weiterentwickelt. Vor allem haben wir einen neuen Führungsstil etabliert. Einen Stil, der auf Kooperation aufbaut, der einander Raum lässt, der das Miteinander nach vorne stellt. Wir glauben, das hat der Partei gutgetan, ich wollte immer, dass Macht so interpretiert wird, dass Führung so gelebt wird, dass man aneinander wächst und sich nicht gegenseitig die Beine wegtritt. Ich glaube, dass der Erfolg der Grünen ganz wesentlich in diesem Führungsverständnis begründet ist. Nicht nur der interne Erfolg, sondern auch, dass wir damit ein gesellschaftliches Angebot unterbreiten konnten, das in unruhigen Zeiten eine andere Idee von Politik verkörpert. Wir sind trotz der schwierigen Phase während der Coronazeit stabil geblieben, wir sind erfolgreich geblieben, und wir sind in Deutschland, das darf man wohl sagen, wir glauben, gerade wegen diesem anderen Politikverständnis, so etwas wie der ruhende Pol in einer aufgewühlten politischen Landschaft.

Nun hat der Erfolg eine paradoxe Seite: Wir sind in gewissem Sinne durch die Gemeinsamkeit so erfolgreich *geworden, dass jetzt etwas passiert, was noch vor Jahren unmöglich war: Wir kämpfen um das Kanzleramt. Wir sind stabil in den Umfragen bei 20 Prozent, die Union ist in Reichweite, und in dieser Situation führt der gemeinsame Erfolg dazu, dass einer einen Schritt zurücktreten muss. Annalena Baerbock und ich, wir haben in den letzten Tagen, Wochen und ehrlicherweise eigentlich Jahren immer wieder darüber geredet, wie so was gehen kann. Wer Kanzlerkandidat*in der Grünen werden soll, welche Kriterien, welche Argumente für oder gegen etwas sprechen. Wir hatten in den letzten Tagen und Wochen in vertraulichen, vertrauten, intensiven, offenen, manchmal auch schwierigen Gesprächen miteinander um die beste Lösung gerungen, denn es ist ja klar, wir beide haben uns darauf vorbereitet, wir beide wollten es, aber am Ende kann es nur eine machen. Und so ist heute der Moment zu sagen, dass die erste grüne Kanzlerkandidatin Annalena Baerbock sein wird. Annalena Baerbock ist eine kämpferische, fokussierte, willensstarke Frau, die genau weiß, was sie will, und die die grüne Programmatik in diesem Wahlkampf mit Leidenschaft vertreten wird. Sie wird uns in diesem Wahlkampf anführen. Das heißt natürlich nicht, dass sie den Wahlkampf alleine machen wird – ich selbst werde mich mit allem, was ich kann, mit aller Kraft in diesen Wahlkampf werfen, wir werden versuchen, ihn gemeinsam zu führen, aber natürlich ist Politik dynamisch, und eine Dynamik bedeutet, dass sich Rollen immer wieder neu justieren werden. Ich selbst werde in den nächsten Phasen noch stärker* *als zuvor meine Regierungserfahrung und die Erfahrung von mehrfach erfolgreichen Koalitionsverhandlungen nutzen, um die Partei auf die Regierungsübernahme vorzubereiten, davor allerdings steht ein harter Wahlkampf. Wir machen uns keine Illusionen: Wenn die politische Landschaft so in Aufruhr ist, weil sich die Gesellschaft neu findet und neu orientieren muss, wird es eine harte Auseinandersetzung. (...) Annalena, die Bühne gehört dir.«*

Robert Habeck kann wirklich, wie sein Freund Konstantin von Notz sagt, herbe einstecken. Trotzdem ist seine wie immer frei gehaltene Rede in der Berliner Malzfabrik nicht frei von feinen Nadelstichen. Er weist noch einmal darauf hin, dass das grüne Führungsduo nur durch Gemeinsamkeit so weit gekommen ist, dass Annalena Baerbock nun nach der Kanzlerschaft greifen kann – eine Gemeinsamkeit, in die er über lange Phasen des Doppelvorsitzes mehr investiert hat als sie. Er hat sie, als er selbst deutlich bekannter und extrem beliebt war, auf die vordere Bühne geholt. Er hat alles vermieden, was ihm als paternalistisches Gehabe hätte ausgelegt werden können (wobei es natürlich seit 2018 trotzdem die eine oder andere gönnerhafte Bemerkung gegenüber Journalisten gegeben hat). Habeck hat die Strategie für eine strukturelle Mehrheitsfähigkeit der Grünen formuliert, Baerbock hat sie mitgetragen. Habeck hat nach Themen gesucht – Heimat, Patriotismus –, die die Grünen für Wähler der bürgerlichen Mitte so anschlussfähig machen sollen, dass sie über die radikalen Klimaschutzpläne der Partei nicht mehr erschrecken. Wenn Baerbock dagegen in ihrem Antritts-Pressestatement davon spricht, dass Kitas die »schönsten Orte« des Landes werden sollen, dann klingt das einerseits sympathisch, aber andererseits auch etwas niedlich. Wie Baerbock überhaupt in ihren ersten Kandidatinnenwochen manchmal wie eine fleißige Schülerin wirkt, die alles auswendig gelernt hat, was man als Politikerin im Medienzirkus so sagen muss. Die zwar immerhin gelegentlich mit einem praktischen Beispiel aus der Dauer-Abstraktion des Politjargons herausfindet (»in der Lausitz haben wir beim Kohlekompromiss ...«), beim Zuhörer aber doch oft Zweifel hinterlässt, ob sie wirklich eine Vorstellung davon hat, welche gewaltige administrative Kraftanstrengung benötigt würde, um die grünen Pläne tatsächlich umzusetzen. Und auch davon, welche gesellschaftlichen Widerstände das hervorrufen könnte.

Als Robert Habeck – zum Teil durch Patzer und missglückte Inszenierungen – die Gunst vieler Medien verloren hatte, tat sie wenig, um ihn gegen die unfreundlichere Sicht der Journalistinnen zu verteidigen. Die *ZEIT* fragte ihn, ob er mehr Unterstützung von ihr erwartet habe. »Das ist nicht ihre Aufgabe«, antwortete Habeck: »Mir ist es nicht gelungen, meine politische Vita so zu erklären, dass sie in Berlin verstanden wurde.« Er habe irgendwann begriffen, dass der Berliner Politikbetrieb sehr stark auf sich selbst bezogen sei. »Auf die Länder, wo aus politischen Entscheidungen Lebenswirklichkeit wird, wird etwas verächtlich herabgeblickt.«

Habeck interpretiert hier seine Niederlage nicht ganz zu Unrecht als Reaktion des Systems: Berlin hat ihn nicht verstanden. Das passt zur Erzählung vom Anti-Politiker – und die Menschen draußen werden ihn womöglich umso besser verstehen. Es ist gar nicht so unwahrscheinlich, dass er damit richtig liegt.

So paradox es klingt: Robert Habeck ist als Quereinsteiger in die Politik gekommen, ist dort sehr erfolgreich geworden – aber irgendwie blieb er trotzdem immer ein Außenseiter. Ganz und gar Hauptstadtpolitiker ist er nie geworden, das war zugleich ein Hindernis und sein größter Bonus. Mit einem Typen wie ihm, der sich den Ritualen des politischen Systems eben nicht *ganz* anpasst, in den Kampf ums Kanzleramt zu ziehen wäre ein grünes Wagnis gewesen. Aber genau seine Unangepasstheit – der Restverdacht, dass er das Politikgeschäft in seiner bestehenden Form vielleicht nicht hundertprozentig ernst nimmt – hat ihn womöglich im engsten Führungszirkel seiner Partei den Sieg gekostet. Er hätte vielleicht eine bessere Chance gehabt, wenn er sich nicht auf eine für grüne Verhältnisse ohnehin eigenartig autoritäre Kandidatenfindung im kleinsten Kreise eingelassen hätte. Ein grüner Mitgliederentscheid hätte eventuell mittels Schwarmintelligenz festgestellt, dass Habeck der Mann ist, den auch Nichtgrüne wählen wollen. Gut möglich, dass er seine eigene Überzeugungskraft gegenüber Annalena Baerbock überschätzt hat. Dass er sich darauf verließ, sie müsse doch einsehen, wie geeignet er für das Amt sei. Dass Baerbock gegen sein gutes Angebot mit Regierungserfahrung, politischen

Büchern und großartigen Beliebtheitswerten nicht die Frauenkarte spielen werde.

Sie hat es doch getan. In ihrer Pressekonferenz nannte sie »Emanzipation« sogar als einziges inhaltliches Kriterium zu ihren Gunsten. Damit saß Habeck in der identitätspolitischen Falle, aus der es keinen Ausweg mehr gab.

Er wird sich sammeln. Er wird den Medien nicht explizit sagen, aber durchaus zeigen, was den deutschen Wählern vorenthalten bleibt, weil man sich nicht für ihn entschied. In seinem Statement zu Baerbocks Nominierung hat er klargemacht, dass Politik dynamisch ist. Und dass sich Rollen immer wieder neu justieren. Das heißt: Er wird natürlich einen loyalen Wahlkampf machen, mit all der Regierungserfahrung, die sie nicht hat. »Es wird eine harte Auseinandersetzung werden, und in diesen Wahlkampf wird uns die erste grüne Kanzlerkandidatin führen.«

Der Ausgang der Bundestagswahl 2021, das ist jetzt Annalenas Verantwortung.

Zeitleiste

1969 in Lübeck geboren (2. September, Sternzeichen Jungfrau)
1989 Abitur an der Heinrich-Heine-Schule in Heikendorf bei Kiel; **1985** Schülersprecher (mit 16 Jahren); **1987** Rolle des Peachum in Bertolt Brechts *Die Dreigroschenoper*
1988/89 Interrail, Zivildienst, Deutsche Einheit
1991 bis 1998 Studium in Freiburg, Kopenhagen und Hamburg. Magisterabschluss, Heirat mit Andrea Paluch, Promotion
1996 erstes Kind
1999 Zwillinge
2002 viertes Kind
2001 erster Roman: *Hauke Haiens Tod*
2001 Haus in Großenwiehe bei Flensburg
2002 Eintritt bei den Grünen Schleswig-Flensburg, Kreisvorsitzender
2004 Landesvorsitzender der Grünen Schleswig-Holstein (mit Marlies Fritzen)
2005 Landtagswahl, Regierungsbildung mit SPD und SSW scheitert

2006 nicht gewählt in den grünen Bundesvorstand

2009 Spitzenkandidat der Grünen zur Landtagswahl (mit Monika Heinold), Fraktionsvorsitzender im Kieler Landtag

2010 *Patriotismus. Ein linkes Plädoyer*

2012 alleiniger Spitzenkandidat der Grünen; Minister für Energiewende, Landwirtschaft, Umwelt und ländliche Räume und stellvertretender Ministerpräsident in der SPD-Grüne-SSW-Regierung Torsten Albig (SPD)

2016 *Wer wagt, beginnt. Die Politik und ich*

2017 nicht nominiert als Spitzenkandidat der Grünen, gewählt wird Cem Özdemir; nach der Landtagswahl in Schleswig-Holstein neue Regierungsbildung mit CDU und FDP unter Ministerpräsident Daniel Günther (CDU). Habeck bleibt stellvertretender Ministerpräsident und Minister für Umweltschutz und Landwirtschaft

2018 Bundesvorsitzender der Grünen (mit Annalena Baerbock)

2018 *Wer wir sein könnten. Warum unsere Demokratie eine offene und vielfältige Sprache braucht*

2018 »Following Habeck« in den Kinos, Dokumentarfilm von Malte Blockhaus

2020/21 Corona in Deutschland

2021 *Von hier an anders. Eine politische Skizze*

April 2021 Annalena Baerbock wird Kanzlerkandidatin der Grünen

26. September 2021 Bundestagswahl

Dank

ICH DANKE MEINER WUNDERBAREN AGENTIN Rebekka Göpfert dafür, dass sie an dieses Buch geglaubt hat, als das sonst niemand tat. Ich danke Kerstin Lücker für eine ebenso sorgfältige wie empathische Durchsicht des Textes. Ich danke Bettina und Dieter Risse, weil ich ohne Asyl auf der größten deutschen Insel (ohne Landverbindung) keinen Satz zu Papier gebracht hätte. Und ich danke immer und immer Dir, Hans-Peter.

Literaturhinweise

Politische Bücher von Robert Habeck

Patriotismus. Ein linkes Plädoyer. Gütersloher Verlagshaus 2010

Wer wagt, beginnt. Die Politik und ich. Kiepenheuer & Witsch 2016

Wer wir sein könnten. Warum unsere Demokratie eine offene und vielfältige Sprache braucht. Kiepenheuer & Witsch 2018

Von hier an anders. Eine politische Skizze. Kiepenheuer & Witsch 2021

Bücher und Buchbeiträge über Robert Habeck

Claudia Reshöft: *Robert Habeck. Eine exklusive Biografie* FinanzBuch Verlag 2020

Sophie Passmann: *Alte weiße Männer. Ein Schlichtungsversuch.* Kiepenheuer & Witsch 2019

Ulrich Schulte: *Die Grüne Macht. Wie die Ökopartei das Land verändern will.* Rowohlt Verlag 2021

Gemeinsame Romane von Robert Habeck und Andrea Paluch

Hauke Haiens Tod. S. Fischer Verlag 2001

Der Tag, an dem ich meinen toten Mann traf. Piper Verlag 2005

Zwei Wege in den Sommer. Patmos Verlag 2006

Unter dem Gully liegt das Meer. Patmos Verlag 2007

Romane von Andrea Paluch

Zwischen den Jahren. Ellert & Richter Verlag 2012

Gipfelgespräch. Ellert & Richter Verlag 2020

Ausgewählte Interviews mit Robert Habeck

Gemeinsam mit Andrea Paluch: »Aus dem Alltag bin ich ganz schön raus«, *kn-online*, 8. Mai 2016, https://www.kn-online.de/Nachrichten/Politik/Robert-Habeck-und-Andrea-Paluch-im-Interview, abgerufen am 02.06.2021

Gemeinsam mit Wolfgang Kubicki (FDP): »Beifall klatschen sollst du, nicht rumheulen«, *DIE ZEIT* Nr. 22, 24. Mai 2017

»Es muss nicht jeder, der grün wählt, gleich mit mir in den Urlaub fahren wollen«, *DIE ZEIT* Nr. 19, 3. Mai 2018

»Wir müssen radikaler werden«, *die tageszeitung* Nr. 11680, 17. Juli 2018

»Twitter hilft nicht, ehrlich zu sprechen«, *DIE ZEIT* Nr. 3, 10. Januar 2019

»Kann man SUVs eigentlich verbieten, Herr Habeck?«, *DIE ZEIT* Nr. 42, 6. Juni 2019
»Das entspricht dem Geist von Ludwig Erhard«, *WELT*, 14. November 2019
»Im vollen Lauf erwischt«, *DIE ZEIT* Nr. 18, 23. April 2020
»Die Union hat kein Abo aufs Kanzleramt«, *Flensburger Tageblatt*, 31. Oktober 2020
Gemeinsam mit Markus Söder: »Ein Kamel – im positiven Sinn«, *Der Spiegel* Nr. 51, 12. Dezember 2020
»Man muss nicht immer was müssen«, *DIE ZEIT* Nr. 3, 14. Januar 2021
»Der Tag war ein bittersüßer«, *DIE ZEIT* Nr. 17, 22. April 2021

Ausgewählte Porträts

Christoph Hickmann: »Geil!«, *Der Spiegel* Nr. 33, 11. August 2018
Susanne Gaschke: »Zwischen Intellekt und Mackertum«, *WELT*, 20. September 2018
Caterina Lobenstein, Bernd Ulrich: »Regieren ist radikal«, *DIE ZEIT* Nr. 44, 25. Oktober 2018
Constanze von Bullion: »Vor dem Sturm«, *Süddeutsche Zeitung*, 26. Januar 2019
Susanne Gaschke: »Im Hauptstadtkoller?«, *WELT am SONNTAG*, 24. Februar 2019
Andreas Hoidn-Borchers, Jan Rosenkranz, Axel Vornbäumen: »Kann ER Kanzler werden?«, *stern*, 29. Mai 2019

Jana Hensel: »Immer wieder diese Frage«, *ZEIT online*, 4. Juni 2019
Autorenkollektiv: »Die Angst vor dem Hype«, *Der Spiegel* Nr. 25, 15. Juni 2019
Susanne Gaschke: »Wie ein Hipster auf Campingurlaub«, *WELT*, 13. Juli 2019
Julia Amalia Heyer: »Der Quasi-Kanzler«, *Der Spiegel* Nr. 47, 16. November 2019
Roman Deininger: »Jetzt auch mit Blaskapelle«, *Süddeutsche Zeitung*, 7. März 2020
Susanne Gaschke: »Auf sanften Sohlen«, *WELT am SONNTAG* Nr. 11, 15. März 2020
Claus Christian Malzahn: »Das Märchen vom grünen Kanzleramt«, *WELT*, 31. Dezember 2020
Christoph Hickmann: »Ein kleiner Stich ins Herz«, *Der Spiegel* Nr. 13, 27. März 2021

Bildnachweis

Bildteil: IMAGO: 2 o., 2 li. u., 8 u. (Christian Thiel), 2 re. u. (Willi Schewski), 5 re. o. (Future Image), 8 li. o. (Sven Simon); Picture Alliance: S.1 o. (dpa / Bodo Marks), 1 m., 4 re. u., 5 li. o. (dpa / Christian Charisius), 1 u. (dpa / Carsten Rehder), 3 li. o. (dpa / Wulf Pfeiffer), 3 re. o. (dpa / dpaweb / Wulf Pfeiffer), 3 m., 3 u., 4 li. u. (dpa / Marcus Brandt), 4 li. o. (dpa / Horst Pfeiffer), 4 re. o. (dpa / Angelika Warmuth), 5 li. u. (dpa / Matthias Balk), 5 re. u. (dpa /Benjamin Nolte), 6 o. (dpa / Axel Heimken), 6 u. (dpa / Daniel Reinhardt), 7 o. (dpa / Klaus Remme), 7 u. (SZ Photo_Metodi Popow), 8 re. o. (Guido Kirchner)